U0717543

思库文丛

汉译精品

是什么造成了社会危机？

社会问题的社会化

Jeffery.C.Alexander

What Makes a Social Crisis?

[美]杰弗里·亚历山大 著 陈雪梅 译

江苏人民出版社

图书在版编目(CIP)数据

是什么造成了社会危机？——社会问题的社会化 / (美) 杰弗里·亚历山大著；陈雪梅译. — 南京：江苏人民出版社，2022.11(2023.2 重印)
(思库文丛·汉译精品)
书名原文：What Makes a Social Crisis? The Societalization of Social Problems
ISBN 978 - 7 - 214 - 27195 - 2

Ⅰ. ①是… Ⅱ. ①杰… ②陈… Ⅲ. ①社会问题—研究 Ⅳ. ①C913

中国版本图书馆 CIP 数据核字(2022)第 090533 号

书　　名	是什么造成了社会危机？——社会问题的社会化
著　　者	[美]杰弗里·亚历山大
译　　者	陈雪梅
责任编辑	朱晓莹
装帧设计	潇　枫
责任监制	王　娟
出版发行	江苏人民出版社
地　　址	南京市湖南路 1 号 A 楼,邮编:210009
照　　排	江苏凤凰制版有限公司
印　　刷	南京爱德印刷有限公司
开　　本	890 毫米×1 240 毫米　1/32
印　　张	6.5　插页 4
字　　数	136 千字
版　　次	2022 年 11 月第 1 版
印　　次	2023 年 2 月第 2 次印刷
标准书号	ISBN 978 - 7 - 214 - 27195 - 2
定　　价	38.00 元

(江苏人民出版社图书凡印装错误可向承印厂调换)

身处危机即立于中心，

因为当一切都岌岌可危，

则一切都至关重要。

万物莫不如此。

——[挪威]卡尔·奥韦·克瑙斯高，《我的奋斗》(第6卷)

目　录

序言与致谢　*1*

导　论　社会中的社会化　*1*

第一章　社会化的定义及其产生　*6*

第二章　谁是社会化的代理人？　*14*

第三章　为什么社会化没有发生？　*25*

第四章　教会恋童癖危机　*33*

第五章　金融危机　*50*

第六章　电话窃听危机　*69*

第七章　＃MeToo 运动　*90*

第八章　结束语：社会化理论　*140*

参考文献　*150*

译名对照表　*190*

译后记　*195*

序言与致谢

自2006年《公民领域》出版之后，我强烈地感觉到，公民领域理论除了为公民修复的历史进程提供新思路——该书的第三、四部分针对公民修复有专门讨论，包括针对非裔美国人长期受压迫、性别不平等和反犹太主义等社会和文化运动的讨论——还可以为当代社会危机提供新解释。为此，2012年当阿伯丁大学的公民意识、公民社会和法治中心（CISRUL）主任特雷弗·斯塔克（Trevor Stack）邀请我在“何为公民，何为社会?”的论坛上发言时，我正忙于制作剪报和做笔记。

我借此机会开始创建社会化模型，也就是本书的主题。从那时起，这一理论的建构时断时续，在此期间我在世界各地众多院系的学术报告会或学术会议上作相关发言，从专家学者们的批评和建议中获益良多。在该模型构建即将完成之际，我准备了一个压缩节略的版本，在《美国社会学评论》（2018）上发表，该杂志的匿名评审专家们和联合编辑奥马尔·利扎多(Omar Lizardo)对我提出了中肯的建议,作为回应,我借机进一步修改了我的论点。在此,我谨感谢《美国社会学评论》允许我转载在该杂志上业已发表的内容。

四名耶鲁大学博士生——安妮·玛丽·尚帕涅(Anne Marie Champagne)、杰弗里·萨克斯(Jeffrey Sachs)、索查·亚历山德里纳·布罗菲(Sorcha Alexandrina Brophy)和托德·马迪根(Todd Madigan)——为本书的实证章节提供了启发性研究。纳丁·阿马尔菲(Nadine Amalfi)提供了专业编辑协助。耶鲁大学提供了学术休假和研究资助,文化社会学中心提供了融洽而良好的学术氛围。在此一并致谢。

导　论　社会中的社会化

2012 年 6 月初，德国最具影响力的一位经济学家在《纽约时报》上发表专栏文章，反对救助希腊等境况不佳的欧洲经济体，宣称“这样做违背经济运行规律”（《纽约时报》，2012 年 6 月 13 日）。这位教授就是汉斯-沃纳·辛恩（Hans-Werner Sinn），在此他重申了自己的传统立场：公民领域与其边界领域应保持适当关系。“此类（救助）计划违反了归责原则”，辛恩解释道，“归责原则是市场经济的重要构成原则之一，规定债权人有责任筛选债务人。”根据这一原则，“如果债务人无力偿还债务，那么债权人将承担所有损失”。如果债务人无力偿还，国家就来援手鲁莽的债权人，那么这将严重威胁经济学逻辑：“如果我们放弃归责原则，欧洲市场经济将失去其最重要的配置优势，即债权人将不再谨慎选择投资机会，那么前几代人辛苦积攒下来的部分资本将付之东流。”

从意识形态角度来说，辛恩的主张是对当前欧元危机的保守干预;而换个角度仔细分析,则发现辛恩提出了一个犀利的问题:如果全由市场原则来支撑,现代社会将如何运作?毕竟,资本主义经济体制背后有一个强大逻辑支撑。只有当投资者和贷款人都能理性地分配稀缺资源,资本才能被卓有成效地配置。要确保这一结果,市场不仅要警告,而且要采取实际措施惩罚鲁莽的投资者。如果糟糕的、不谨慎的投资者不会蒙受损失,那么这无异于践踏有限的时间和资源。在放债时,债权人必须仔细考量未来可能会出现的生产因素。如果他们作出了错误的经济判断,那么理应受罚。否则,怎样才能维持资本主义规章制度的严谨性及高效的经济产出呢?

我的目的不是要从经济学角度来挑战这个论点。市场的地位非常重要,从严格的经济角度讲,资本主义逻辑可以发挥惊人的作用。但是市场并不是现代社会中的唯一逻辑,社会领域中充斥着按不同逻辑运行的各种场所和岗位(Polanyi 1944; Friedland and Robertson 1990; Somers 2008)。辛恩的鸿篇大论为市场群体代言,文末含沙射影地讽刺了美国总统巴拉克·奥巴马:"我很惊讶,世界上最成功的资本主义国家的总统竟然会忽视这一点(归责原则)。"但辛恩此举实在有失妥当,因为美国不仅仅是资本主义国家,它还旨在成为文明和民主国家。如果巴拉克·奥巴马敦促欧盟为希腊等陷入困境的欧洲经济体提供经济援助,那么理由与他早先主张国家应援助美国银行、债权人和债务人等的理由一样。作为公民领域的领袖(Alexander 2010; Alexander and Jaworsky 2014),奥巴马当选之后,觉得自己有义务让美国政府在公民遭受苦难时有所作为,哪怕(在一定限度内)蒙受经济损失。的确,债权人和债务人作为经济参与者在经济危机中确实没有足够的责任担当，但他们也是公民领域的一分子，所以除了用市场逻辑来约束他们，还要把他们当作人来善待。

此类多重社会逻辑如何在相互抵触中兼容并蓄？这是本书关注的问题。对于公民领域和非公民领域间的边界冲突，我构建了一个理论模型，并以最近发生在宗教、经济、新闻和性别领域中的社会危机为例来阐述该模型，包括 2002 年爆发的美国天主教会恋童癖危机、2008 年的美国金融危机、2010 年在英国迅速蔓延的电话窃听丑闻以及始于 2017 年 10 月并持续至今的＃MeToo 运动。我的核心问题是：领域内持续的机构紧张关系如何突然爆发并打破特定领域界限而成为整个社会的爆炸性丑闻？我的解答始于这样一个前提：社会问题本身并不会触发广泛的社会冲突。我认为，即使机构内部的紧张关系发展到严重程度，在机构管理部门的内部处理下，往往也趋于缓和，而不为外界所察觉，更不会对外界产生困扰。我认为，只有当社会问题超出其本身所属的领域，并且在看似要危及整个社会时，社会问题才演变成社会危机。我把这种较大范围内的受威胁感及由此引发的各类反应称为"社会化"。只有当公民领域话语和公民领域的实质监管开始介入并发挥作用时，"社会化"才会登场。只有当属于某个特定领域的问题变成"社会化"问题时，之前被忽略的常态化紧张关系才会被认真审视，曾经被赞不绝口的各种机构也会遭受猛烈抨击，机构精英随之遭受威胁和惩处，影响深远的机构改革将被启动，有时会被付诸实施。

本书的前几章专门讨论社会化理论，在概念上解释：社会化是什么，社会化如何形成，为什么社会化会或不会发生。在第一章中，我提出了两个问题：社会化是什么以及它如何产生，并提出了一个从时间节点1(T1)至节点5(T5)的社会化序变模型；在第二章中，通过这个序变模型，我分析了推动社会化的代理人；在第三章中，我探讨了零假设(为什么社会化没有发生)，解释为什么社会化常常在看起来将要或应该发生时，却没有发生，并列出限制条件；在后续章节中，我通过对四个案例的研究，从实证层面阐述并发展该模型。这些讨论都基于第一手资料，呈现了新的理论兼实证研究成果，所列的危机案例，除了#MeToo运动，之前我都多次讨论过。简而言之，我探讨的是：为什么社会化之前没有被解释过，而我的研究思路是：社会化不是一个社会问题，而是一个社会理论问题。

本书重在理论探讨。我旨在向大家介绍一个新的宏观-社会学结构和过程模型。之所以说宏观，是因为本研究将社会视为一个整体；之所以说结构，是因为本研究重点关注那些长期存在的、在机构中深深扎根的社会领域；之所以说过程，是因为本研究详尽描述了不同社会领域中物质和理想利益冲突和斗争的动态发展过程。我认为，如果没有足够充分和翔实的案例研究来支撑这些概念性论断，那么理论推介的目的将难以实现。[①] 理论虽然是抽象

① 第四至七章的实证分析虽然没有为社会化模型提供决定性证据，但能证明该理论的可行性，这是一项研究首先要考虑的问题。在重述每一场危机时，该模型的一些关键概念是否能阐明这些危机具有相同的结构和时间分布？是否能模拟社会行为者的意义在小事件变成大事件的前后双重转换？是否能发现社会化进程中存在类似的轨迹——精英斗争、改革机遇、反击以及回归到危机潜伏的稳定状态？为解决这些问题，我运用了诠释法(interpretive method)——这种方法可以让我能重建实证案例中反复出现的时间序列。我的目标是从诠释学的角度，根据主流报纸的报道，重构社会事件和行为人的不断转变的意义，这些主流媒体包括《纽约时报》《波士顿环球报》《华尔街日报》《今日美国》《金融时报》《卫报》《每日电讯报》《星期日独立报》和 (转下页)

的，但也必须具体化。一个新的理论必须被“看到”，甚至被“感觉到”和“体验到”，人们才能感受其合理性。新理论在接受更严格的检验之前，必须先被人们所熟知。

（接上页）《观察家报》。关于每个话题，我查阅了每次危机开始后 12 至 18 个月内数百份报刊文章；同时也对这些危机的长期发展、后续消息和政策结果进行了抽样调查。用皮尔士(Peircean)的话说，本书所采用的实证方法既不是演绎法(deductive)，也不是归纳法(inductive)，而是溯因法(abductive)(Timmermans and Tavory 2014)。如果用“人文科学”(Geisteswissenschaften)(相对于“自然科学”)的术语，这种方法叫诠释学方法(hermeneutic method)。鉴于实证主义常识对美国的社会学研究一直有着很深的影响，所以必须要强调一点：诠释学方法并不仅仅是一种描述工具；既不是对其他领域的已知信息进行浓缩，也不是对民族志或田野观察的结果进行总结，更不是在计算科学的机械理解中进行编码(Biernacki 2012)。相反，诠释学重构是创造性的，具有开放式结果，且由理论驱动(Reed 2011)。它将潜在的、含蓄的、碎片化的事件和言语行为拼合起来，形成更宏大、更富含意义的文本模式。

除了溯因法，重构过程还涉及理论逻辑，因为不仅涉及实证数据，还涉及支撑研究项目的观测前的概念性预设(conceptul presuppositions)(Lakatos 1970)。起初，威廉·狄尔泰(Dilthey 1976)称之为“诠释学循环”(the hermeneutical circle)，即同步构建从整体到部分和从部分到整体的意义。后来，克利福德·格尔茨(Geertz 1973)将其称为“深描”(thick description)，但是该定义颇具误导性，于是近年来又有学者把这个过程称为“叙事分析”(Abbott 1992；Jacobs 1996；Sewell 1996)。在使用该方法构建事件的过程中，大众媒体非常关注那些阅读他们报道的受众的感受——这些受众由单独的个体组成，随着事态的发展，他们对有争议的社会化进程逐渐形成自己的理解，因此媒体报道提供了一个通向集体意识的特殊渠道。正是在竞争中不断致力于公共叙事，社会意义才得以产生，社会结构和领域才得以成形和激活，有效的因果链也得以建立。此类叙事努力被主流新闻机构报道，新闻机构同时又对叙事的构建产生重要影响：他们不仅报道已经发生的事实，还从自身价值观和精英利益的角度对正在发生的事件进行评价，从而形成新的事实和新的叙述。只有通过追踪媒体对“事件”的描述(Mast 2006；Wagner-Pacifici 2017)，我们才能发现社会学视角能提供强有力(因为具有公共约束力)的诠释，这种诠释也为本研究提供证据主张。

第一章　社会化的定义及其产生

公民领域既是一种真实存在的社会力量，也是一个由自主而又享有共同义务、尊重彼此独立性而又相互依存的个体组成的理想化的团体（Alexander 2006；Kivisto and Sciortino 2015；Alexander and Tognato 2018；Alexander，Stack，and Khoshrokovar 2019；Alexander，Palmer，Park，and Ku 2019；Alexander，Lund，and Voyer 2019）。从文化角度看，公民领域围绕某种话语体系而形成，这种话语体系将维护自我管理和社会团结等民主形态的动机、关系和机构神圣化。这一话语体系崇尚一些优良品质，如诚实、理性、开放、独立、合作、参与和平等（Jacobs 1996，2000；Mast 2006，2012；Smith 1991，2005；Kivisto and Sciortino 2015）。但这一体系也是二元对立的，它也会暴露恶劣的、污秽的、威胁民主的品质，如欺骗、歇斯底里、依赖、密谋不轨、侵略、等级制度和不平等。[1] 此外,公民领域不仅是一个话语体系,它还有很强的实质性(materiality)。各种传播机构,如各类传递真实或虚假信息的大众媒体、民意调查和公民协会,都能提供强大的组织能力,因时因地来界定各种话语类别。对于某些事件、机构和团体,媒体大加美化,称其合乎公民价值,值得称赞;而对于另一些事件、机构和团体,则大为丑化,指责其为邪恶的、危险的反公民分子。

再者,公民领域本身也运行着一套强大的监管机构:法律机构、政府机关和竞选制度,这些复杂的组织机构能依仗国家强制力来实施制裁,并制定文化评价标准。那些被视为遵循公民价值的人不仅获得声望,还被赋予政治权力;相反,那些被视为反公民的人不仅会被鄙视,还会遭受威胁、逮捕、破产,有时甚至遭受人身伤害。

① 见亚历山大《公民领域》(2006:57－59)一书中的图表:

动机的二元结构		关系的二元结构		机构的二元结构	
公民动机	反公民动机	公民关系	反公民关系	公民机构	反民公民机构
积极的	消极的	开放的	私密的	监管的	任意的
自主的	依赖性的	可信的	可疑的	法律	权力
合理的	歇斯底里的	值得尊敬的	自私的	包容的	唯一的
平静的	激动的	利他的	贪婪的	客观的	主观的
自我控制的	随心所欲的	诚实的	虚伪的	契约维系	忠诚维系
现实的	扭曲的	直截了当的	工于心计的	团体	派系
理智的	疯狂的	协商的	密谋的	公职	个人
		友好的	敌对的		

相比其他非公民机构兼文化领域,公民领域既充满着分歧,又寄托人们共同的抱负,这意味着机构间的界限从未泾渭分明,而是模糊不清。由于公民机构在真实时空中既反映各种媒体的观点解读,又实施法规制裁,所以公民领域的定位和轨迹难以界定;在纯理论上也就无法确定(Ku 1998)。哪些属于公民性质?哪些又是非公民性质?在历史的长河中,这些问题有着截然不同的答案,而这些答案又决定了公民领域和其他非公民领域之间的界限。例如,对于性别等级问题,应该视之为家庭内部事务,由家庭领域中的父权精英来处理,还是视之为一个违背了更普遍的公民准则的问题?如果家庭内部统治和暴力事件发展成社会性丑闻,这还是家庭内部问题吗(Alexander 2001; Luengo 2018)?对于教堂内部发生的秘密事件,是让其成为信徒和神之间永恒的秘密,还是让上帝恩典的传播者也接受公民领域的监督?对于高效运行的、具有剥削性且不稳定的资本主义经济,是应该放任自流,任其繁荣或破坏市场,还是应该考虑团结和公民因素,对其加以干预(Lee 2018; Ngai and Ng 2019; Olave 2018)?对于新闻记者,是应该允许他们以自认为合适的时间、地点和方式随心所欲地搜集新闻,还是让他们接受法律和道德的约束?近代公民领域使很多行为合法化,而这些行为后来被视为严重反公民(Alexander 1988)。在特定时刻看似可以接受的做法,在另一时刻可能令人深恶痛绝。曾经看似对公民社会的发展起促进作用的各种宗教、性别等级、政治和经济生活后来则被视为扰乱公民社会的极其危险的破坏性行为,其存在本身就破坏了公民领域的宗旨和相互关系。

布鲁默曾指出:“历史篇章中充满了惨绝人寰的状况,无人关注,不被重视”(Blumer 1971:302)。然而,尽管公民领域在现实中作出了极大妥协,其内部仍是暗流涌动,危机四伏,随时可能引爆曾被合法化的不公正现象。正是因为公民领域里存在诸多乌托邦式的承诺,而这些承诺从未在机构内部完全实现,所以这些承诺不断引发激进的批判、社会运动斗争、社会危机以及机构改革。

我的目标是,从分析学视角,而不是从历史或互动主义的视角,对社会问题的相对的、不稳定的变换状态进行理论构建,将之视为一个系统的宏观社会学过程。可以这样设想:在 T1 时间点,公民领域和非公民领域之间处于一种假设的“稳定状态”,在这种状态下,领域间**看似**处于一种“**推定的**”相辅相成稳定状态。在此状态下,大部分公民领域成员并不认为自身会遭到破坏性干扰,因此不会打破现有领域界限去发起攻击来修缮另一领域的内部问题。[①] 当然,毫无疑问每一个社会领域都会经历持续的、有时甚至是严峻的紧张关系。在经济领域,有不负责任的决定导致不必要的损失,有破产和盗窃,也有通货膨胀和经济衰退。在宗教领域,有频频发生的腐败丑闻,有令人揪心的违纪和违规招募,也有势不

① 我之所以选择形容词“假设的”和“推定的”以及动词“看似”和“假想的”这类词语,是因为我想强调,不同于功能主义观和冲突化理论关于各领域边界关系的阐述,稳定状态并不是一种客观均衡的状态,而是指机构阻隔状态,即一种领域内的重大冲突不会被当作对整个社会构成威胁的状态。这种差异也正是领域间相互关系的机械论模型与我在本书中采用的文化-社会学研究方法的差异。凯恩斯在对古典经济理论的批判中也提出了类似的观点。关于经济均衡的经典预测认为,资本投资有稳定利率,而凯恩斯认为,这些利率实际上取决于投资倾向,投资倾向又等同于对概率的主观评估。凯恩斯指出,对未来利率,无论是乐观的还是悲观的预测,都无法被客观验证,因此经济均衡取决于社会习俗和集体心态(Keynes 1964 [1936]: 141 - 153)。

两立的神学上的分歧。在新闻出版领域,隐私与公开的界限不断受到挑战,职业规范形同虚设,剽窃行为屡见不鲜,媒体精英们经常在利益驱使下置职业操守于不顾。在两性关系领域,本应是亲密的男女关系中充斥着失望、误解和千疮百孔的情感伤害,更糟糕的是,职场中的两性关系也不能幸免。

然而,在稳定状态下,以上的这些紧张关系只局限在各领域内部,因为是内部问题,自然不会引起外界的强烈关注。由于未能引起机构外人士的关注,这些问题就以非公民的方式解决。事实上,因为受制于各领域内的逻辑(Friedland and Alford 1991),这些紧张关系有时不但不会对组织权威构成威胁,反而会强化其权威。事实上,稳定状态下的紧张关系不但没有削弱公民领域的理想,反而证明了机构和文化的多样性。

但是,稳定状态会随着社会化的发生而土崩瓦解,曾一直被人们所接受的惯例会演变成一个新的社会事实(Durkheim 1966 [1895])——一个邪恶的、象征着污秽的事实。有些做法曾经难以激起机构外人士的兴趣,现如今却威胁到"社会"本身。曾经习以为常之事如今却变成了歪风邪气,是道德沦丧、破坏社会的恶行。用玛丽·道格拉斯(Mary Douglas)(1966)的话说,变成了"不合时宜之事":如此污秽不堪,以至于必须要大力净化(Cottle 2004, 2011)。

社会化进程始于T2时间点,这时引发一套符号代码(semiotic code)(见Tavory and Swidler 2009),这一代码将公众注意力从机构局部领域转移到了整个公民领域(Hilgartner and Bosk 1988)。当社会语言发生这种转换时,批判性和解放性叙述就会出现,大量实质性资源将被启动并发挥作用。当新闻出版行业将机构内部紧张关系解读为对公民领域的侵犯时，原本习以为常之事就会演变成大事件（Mast 2006，2012；Sewell 1996；Wagner-Pacifici 2010，2017），事件化（eventness）宣告着稳定状态被打破。于是，愤怒唤醒了“社会良知”，恐惧和惊慌取代了自信和信任。鉴于公民领域中媒体和监管机构密不可分，通常情况下，严厉的监管干预会紧随其后（在 T3 时间点发生）。然而，针对新兴的文化评判和监管干预，反击也会接踵而至（在 T4 时间点发生）。这时处于被动地位的遭诟病的机构和精英们会发起反击，阻挠公民领域及其联盟的干涉。领域之间的界限该如何划定——现在已经成为两方激烈冲突的焦点。这是一场领域间的战争。正是这种僵持局面和公民修复成果造就了稳定状态的必然回归（T5 阶段）。

社会紧张关系真实存在，会带来实质性后果，而且如果紧张关系发生在经济危机时刻或战争中，这种后果会更加严重。尽管如此，社会化的发生不是源于这些紧张关系本身，而是源于对紧张关系的解读。这是一个社会诠释问题——即什么是社会紧张关系，它为什么会发生，它的产生该由谁来负责，它又会伤害到谁的利益。这些问题的解答决定了人们如何看待紧张关系，以及怎么做才能防止它再次发生（Alexander，Eyerman，Giesen，and Smelser 2004）。

当符码转向把社会问题推出稳定状态，社会本身的道德和制度的根基看似受到威胁，对公民领域的内核是否稳固的担忧随之而起（Shils 1975）。这些普遍的焦虑通常集中在公民领域的主要监管制度——公务员制度上（Alexander 2006：132－150）。公务员制度将关于道德团结的理想化论述转化为制度要求,规定领导层应该履行责任,为他者服务,要求当权者杜绝裙带关系,不得谋求私利。一个民主社会的核心基于这种执着的信仰(愤世嫉俗的人会说这不是信仰,而是自欺欺人):权力的履行应当且能够以服务大众为目的,同样,公民领域的公职人员应当且可以由具有良好意愿的人担当。公民领域要发挥强大效力,意味着那些手握权力的人就要受到职责约束,用韦伯的话说,就是要遵循所在职务的道德规范(Weber 1927 [1904 - 5])。当符码转向表明某种紧张关系会威胁到公民领域的内核时,人们就会指控机构当局没有承担起他们的职责,还会抨击他们德不配位、没有管理能力,接着人们会千方百计地把他们赶下台,同时出台各种有效的补救措施以重构制度规范和架构。

在 T1 阶段,公民领域的媒体和监管机构遵从机构内精英们的道德风尚和利益,而到了 T2 阶段,公民领域的这种不干涉行为会被追溯性地重新解读为对公民责任的玩忽职守、对不良行为逃避公民领域的道德承诺的包庇。在 T3 阶段,那些拥有公民职权的人士对失职行为作出实质性回应,包括发出威胁警告和进行相应制裁。在 T4 阶段,受挑战的机构精英们开始反击。一场领域间大战接踵而至,最终迫使代表公民领域的团体放弃他们的复仇之心。各领域间的边界被重新划分,意味着回归到稳定状态(T5),但这一状态仍免不了矛盾、歧义和争执。曾经一场势不可挡的社会危机,如今可以通过重新审视社会化的过程来找出触发危机的最初导火索。这场危机随后成为一首具有历史意义的“插曲”,一段传奇和佳话,一段值得用“纪念日”来铭记的历史,有的甚至被拍成电影和电视节目,为人们津津乐道。[①] 然而，激发社会危机的紧张关系并没有完全消失，而是在新语境中重新发酵，再次成为机构内关注的首要问题。虽然滥用职权的现象偶尔也会被曝光，引发人们对这些行为是否违背当代准则的些许焦虑，但远没有构成惊天动地的大事件。于是，人们不再担心公民领域的核心会受到动摇，一个新的共识逐渐达成，一个新的组织结构在社会化进程后应运而生。但是，公民修复并没有完全消除原有的紧张关系，即便能被完全消除，新的边界紧张关系也必定会再次出现——但在稳定状态下，这些还不构成担忧。

---

① 历经社会化的社会问题成为众多畅销书和获奖电影的主题。例如，金融危机就被改编成了电影《大而不倒》(*Too Big to Fail*，2011)和《大空头》(*The Big Short*，2015)，教会恋童癖丑闻被改编成《虐童疑云》(*Doubt*，2008)和《聚焦》(*Spotlight*，2015)。至于水门事件，既被伍德沃德和伯恩斯坦(Woodward and Bernstein 1974)写进了著作《总统班底》(*All the President's Men*)，又被拍成了同名电影以作纪念。此外，时隔四十年之后，报道该丑闻的两位公民英雄本·布拉德利和凯瑟琳·格雷厄姆的事迹，再次被翻拍成电影《华盛顿邮报》(*The Post*，2017)。同样，麦卡锡主义的社会化也一直活在人们的记忆中，如 2005 年的电影《晚安，好运》(*Good Night，and Good Luck*)。

第二章　谁是社会化的代理人？

所谓的“社会化”进程为什么会发生？在应对紧张关系的批判性诠释过程中，社会化的时间序列——首先是稳定状态受到动摇，危机爆发，接着公民修复成为可能，然后反击开始，最后各领域间重新达成平衡——为何能有条不紊地展开？

从最宏观的层面看，社会化发生的原因是社会分化（social differentiation）。正是社会各领域间的文化和组织分离使得社会化得以发生，即功能需求与正义领域二者无法在根本上兼容（Walzer 1984），这与普遍的观点——不同结构和功能之间的相互作用和互为补充导致社会化——有所不同。但是，除了领域冲突之外，相对自主的公民领域——即社会正义领域，同时又是文化和社会领域，是一个极少用社会分化理论来阐述的领域（见本书的结论部分）——才是整个社会机器运作的核心“机制”（Gross 2009，Norton 2014b）。公民领域提供二元对立话语体系，既能激发也能阻碍行动;让各机构间容不得彼此的特权,同时也催生一批精英,这些精英一开始都心怀理想,通过坚守正道来获取物质利益,但最终仍有可能被腐化,变得极为反动。

但到底是谁在引导着事件的走向?是谁在唤醒这一话语体系?是谁的机构权力让人感到望而生畏而不敢触犯?简而言之,是什么样的人和角色构成公民领域的精英?

有这样一些职业团体,他们时刻铭记公民领域的理想利益,实现这些利益是他们赖以生存和毕生追求的全部意义,代表了他们事业的终极目标,标志着他们人生的巅峰时刻。他们是社会化的代理人。社会化不仅与各种体制、领域和机构密不可分,还涉及各类社会参与者,并赋予他们及他人的活动以意义。公民领域中的媒体和监管机构本身不会行动;只有那些秉持理想化利益的人才能给机构赋能,并推动机构进行社会化,而且这些人一旦成功,他们的物质地位也会得到极大提高。他们是新闻记者和公诉人。记者们满腔热情搜集他们所诠释的反公民行为,公诉人迫不及待地要惩罚反公民行为。新闻记者里有调查记者、编辑和出版商;公诉人中有顽强斗争的律师、地区检察官、总检察长和法官。他们火眼金睛,能窥破诸多潜匿的反公民行为,对此他们不仅非常愤慨,而且会运用自己的职业手段,参与各类活动以唤起众怒,捍卫公民正义。找到"惊掉人下巴的故事"(Havill 1993:68)和"炙手可热的案件"(Samuelsohn 2017),正是他们的职责所在,也是他们的终极目标。

从微观层面看,社会化可以被视为一系列由具有强烈动机的利益相关方发起的表演和反表演[①]（Alexander 2011；Alexander, Giesen, and Mast 2006；Mast 2006；Norton 2014a；Reed 2013）。调查记者们从整个社会视域中搜寻重大新闻，以社会监督为己任。新闻记者们从看似独立的事实中勾勒出罪状，然后通过批判性解读传递给潜在读者、听众或观众，希望这些受众能对他们的愤慨感同身受，形成共鸣。编辑们将那些旨在揭露罪大恶极的反公民行径的报道置于报纸的头版、实时新闻的头条及数字新闻提要的顶端。出版商为调查记者和编辑提供关键资源，然后观察事态的发展。公诉人则如盘旋的老鹰，敏锐地观察猎物，伺机扑杀。盛怒的检察官一旦得到新闻故事的线索指引，加上有怒不可遏的大众为其助力，就会提起指控。他们勒令焦头烂额的政客们和被隔离审查的国家官员们提供新情报，同时对负责搜集渎职证据的特别调查员进行监督，颁发逮捕令，并搜集证据和庭审先例，以使指控能够在法庭上站住脚。除此之外，他们还对大陪审团的成员进行隔离，发布证据确凿的报告，要求法庭作出严厉裁决。如果这一系列手段能取得成功，那么检察官们不仅能实现自我价值，还会赢得社会荣誉。紧接着，名誉、星光般的地位、奖励和高官厚禄都会接踵而至。

对于受众来说，他们乐于接受这类公民表演，因为他们相信公民社会的话语是神圣的，公民话语的理想应该受到保护、不受伤害。这种背景下的信任虽然不可或缺，但还不充分。只有当这些常用的符号代码被深度融入已经确立的"丑闻体裁"（scandal

① 表演（performance）是本书作者亚历山大提出的社会表演理论中的重要概念。——译者注

genres),关于当代反公民罪行的报道才变得可信,才被赋予道德和情感意义。如果恋童癖事件危机已彻底变成一桩丑闻,如果屡次出现的金融危机为人所不齿,如果黄色新闻(yellow journalism)长期被批判、成为公敌,如果性别歧视和性骚扰一直被揭发、被谴责,那么丑闻体裁就随之产生,并提供背景表征(background representations)。这些背景表征因公民领域的愤怒而发起的系列表演才会进一步引发民众的愤怒,并产生丑闻元语言(metalanguage),这一元语言运用"语用言语行为"(pragmatic speech acts)对新的丑闻事件进行恰如其分的描述(Austin 1957),以保障公民领域能表演成功。在稳定状态下,构成丑闻体裁的背景故事处于潜伏状态,只有高超的表演者从当下社会中的各类违反公民准则的骇人听闻事件中提取特定行为的脚本,才能激活这些背景故事。如果促进符码转向的脚本足够有说服力,如果还有其他的社会表演参与进来,如果社会名流也能勠力同心,那么对该丑闻的表演会引发大众共鸣(Alexander 2011),公民修复会随之展开,之后会是既得利益者的反击。①

① 框架理论有助于我们通过影响符码转向是否会成功,或更广泛地说,影响公民代理人的表演能否与公民受众成功融合的条件来进行思考。根据欧文·戈夫曼(Goffman)的后期理论,符号互动主义者研究了社会运动如何框定信息从而使他们与非运动受众保持一致。亨特、本福特和斯诺认为,"框架过程在意识形态上将个人和群体联系在一起","通过在时间和空间中放置相关的行动者集合,并赋予他们可提示特定关系的特征"(Hunt, Benford, and Snow 1994: 185)。他们解释说,这些进入时间和空间的文字创造了主角、对手和观众,将社会事实转化为促进社会表演的文本资源(同上,186)。这种感知表述(perceptive formulations)所缺少的是对文化和体制结构的宏观描述,而只有在文化和体制结构中,才会对框架一致性的意义构建作出努力。这些结构是系统的、制度化的,而不仅仅是一种"互动的成就"(同上,190),也不仅仅是"在与其他个人和关注对象的互动过程中产生的意义"(Snow and Benford 1988: 198)。

一旦记者和检察官们引发公民领域愤怒的表演取得成功，那么他们将不仅是社会化的代理人，而且会成为英雄。[①] 对于更广大的美国民众而言，他们是传奇，是英雄人物，他们的英勇事迹捍卫了真理、正义以及美国风范（Bradlee 1995：384）。对于行业同僚们而言，他们是专业素养的体现，是行业中神一样的存在和楷模（Bradlee 1995：369；Revers 2017）。揭露水门事件让记者鲍勃·伍德沃德（Bob Woodward）和卡尔·伯恩斯坦（Carl Bernstein）成了新的"全美英雄"（"all-American folk heroes"），《华盛顿邮报》总编辑本·布拉德利在回忆录中这样写道："被各种杂志争相报道，在全国各地发表演讲"（Bradlee 1995：384），他还强调，他们二人已变成"新闻史上受人顶礼膜拜的英雄"（Bradlee 1995：369）。传记作者回溯公民英雄们的崛起，就如同神学家在讲述大卫和巨人歌利亚的故事。在水门事件丑闻爆出二十年后，市面上已经有 200 本与此有关的书，但是阿德里安·哈维尔（Adrian Havill）还是从民间传说中找到了自己撰写《鲍勃·伍德沃德和卡尔·伯恩斯坦的生平》的理由："一直令大多数旁观者着迷的是，这两位年轻记者，尽管他们才华横溢，坚韧不拔，但毕竟看上去在孤军奋战，是如何才能破解理查德·尼克松政府错综复杂的政治阴谋、诽谤、所得税欺

① 符号互动论者专注于代理层，对异常行为、道德恐慌和丑闻进行理论构建；例如，可参见贝克尔的"道德企业家"（Berker 1963）或费恩的"名誉企业家"（Fine 1997）。然而，这些纯粹实用主义的理论构建，往往将代理简化为对自身利益的愤世嫉俗的追求。例如，科恩就警告说，"价值观的存在本身并不能保证……社会问题的成功定义"，并认为"必须还要有进取精神"，他坚持认为"有人一马当先"，仅仅是"基于**利益**"，在手段上"**使用**宣传技巧来获得"支持，且"要么必须自身位高权重，要么有获得权力的路径"（Cohen 1972：112，黑体字强调为后加）。

诈以及……妨碍司法公正的?"(Havill 1993:72)。不仅哈维尔视这二人为巨人终结者,而且连他们自己也认为这样的评价并不为过。伯恩斯坦的一个朋友回忆,在水门事件没爆出来之前,别人邀请伯恩斯坦一起出城度周末,他回绝说:"这个周末我没法去,因为我正在写的故事能把总统拉下马(Havill 1993:75)"。这些关于公民救赎的英雄故事只有在特定的历史背景下才会出现,但这些叙述有其独立的结构性地位(Barthes 1977)。左翼传奇新闻记者伊西多尔·范斯坦·斯通(I. F. Stone)用"神圣"和"圣战"来描述伯恩斯坦的工作,他告诉采访者:"做一名新闻工作者如同双重身份附体:一个是总能看见圣杯的圆桌骑士,一个是新闻界的威廉·伦道夫·赫斯特,这是一场永恒的圣战"(Stone 1963)。

公民英雄不仅仅把自己的工作当成一份职业,更当成事业。《华盛顿邮报》前发行人凯瑟琳·格雷厄姆(Katherine Graham),声名如雷贯耳,至今歌颂她的电影还在不断问世,她在获普利策奖的自传《我的一生略小于美国现代史》(*Personal History*)中称新闻工作是一份"使命"(Graham 1997: 434);史蒂文·哈洛克(Steven Hallock)在《记者创造了历史》(*Reporters Who Made History*)的序言中,称新闻工作点燃"激情",是一份"崇高的职业"(Hallock 2010: xvi)。伍德沃德的传记作者运用了"教化"(Bildung)这个新教类比——这是马克斯·韦伯在关于现代责任的文化基础理论中的一个核心概念,宣称伍德沃德的教化源于"惠顿(学院)自我标榜的理想——诚实坦率的加尔文教徒文化"(Havill 1993: 7)。美国南方反贫穷法律中心联合创始人之一莫里斯·狄斯(Morris Dees),也是民权运动的传奇人物,认为没有比律师更"崇高的职业”(Dees 2011：347)，称“庭审律师手握通向正义之门的钥匙”(同上，348)，并且满怀激情地说：当律师们在法庭上获得胜利、打开正义之门的时候，他们就会感受到“一种更崇高的正义，一种我们经常挂在嘴边却不甚了解的爱”(出处同上，334)。检察官和记者们总是不断谈起个人义务和道德责任。格雷厄姆在谈到她的报社在五角大楼文件泄密危机中所扮演的角色时说：“我们认为，我们的报道不仅没有违反国家安全……相反还维护了国家利益，事实上这也是作为一家有名望的报社应尽的职责”(Graham 1997：457)。哥伦比亚广播公司(CBS)知名新闻主播丹·拉瑟(Dan Rather)坚称：揭露丑闻不是为了赚钱，而是“记者发自内心的渴望去改变世界”(Friend 2015：30)。从二战战场回来后，本·布拉德利回忆说：“无所事事让我倍感煎熬。”他记得，当时有一位家族世交“一直希望我能在他的经纪公司工作，但我确信我想做的是，让这个世界变得更美好，是真正能改变世界的事情”(Bradlee 1995：94)。

公民英雄认为自己不是某种特定的意识形态或政策立场的忠实维护者，而是超越双重道德体系的化身，这种道德体系一边是真理、公开和理性，另一边是欺骗、诡秘和非理性。社会丑闻曝光先驱厄普顿·辛克莱(Upton Sinclair)在美国进步主义时期的社会主义周刊《呼吁理性》(*Appeal to Reason*)上发表连载小说《屠场》，揭露美国肉类加工业内幕。罗伯特·雷德福倾注心血拍摄了一部有关哥伦比亚广播公司记者丹·拉瑟的纪录片，并将其命名为《真相》(Friend 2015)。在水门事件调查期间崭露头角的改革派检察官理查德·本-文斯特(Richard Ben-Veniste)将其自传命名为《皇帝的新衣：从水门事件到 9/11 的真相》(*The Emperor's New*

Clothes：*Exposing the Truth from Watergate to* 9/11)。“假如有人说谎，他就死定了。”本·布拉德利在接受大卫·弗罗斯特(David Frost)的名人访谈时这样解释。他还补充道:“沃尔特·李普曼(Walt Lippman)早在1910年就说过，要想让真相大白于天下，很难一蹴而就，可能要经年累月”(Bradlee 1991)。他的儿子小本·布拉德利是《波士顿环球报》的编辑，在“聚焦”栏目组对教会恋童癖进行调查期间写下这样一段话:“和所有故事一样，一开始一群记者只是试图找到一连串问题的答案，但是当他们挖掘出教会官员为了掩盖丑陋真相而不择手段时，事态升级了”(Bradlee 2002：x)。凯瑟琳·格雷厄姆认为，新闻业旨在“掀开体制内幕，曝光其运作方式”(Graham 1997：457)。

正是公民英雄对维护道德普世主义的承诺，给了他们力量捍卫自身的独立性，对抗等级森严的反公民势力，对抗那些掠夺善良民众的富人与权贵。美国进步主义时期的著名辩护律师克拉伦斯·达罗(Clarence Darrow)曾公开声明:“我倾尽一生都在战斗，我对抗的不是弱者和穷人，而是权力、不公正(和)压迫”(Darrow 1961：497)。该时期另一位丑闻曝光记者查尔斯·爱德华·罗素(Charles Edward Russell)，有一句丑化美国参议院的名言:“一间装满工业家和资本家的男管家的屋子”(Russell 1933：143)。曾任美国联邦调查局局长的詹姆斯·科米这样描述他的职位:“任期10年以保证职位的独立性”，这样“权力就不会不受约束地集中在某一个人手里”，从而避免“滥用职权”(Comey 2013)。波士顿恋童癖神父案的首席检察官埃里克·麦克利什(Eric McLeish)回忆说:“我之所以成为律师是因为我不喜欢恃强凌弱的人，更不喜欢这种横行霸道者大权在握”(Henderson 2016)。理查德·本-文斯特称:“我不喜欢被欺骗,从来不喜欢。在我漫长的律师生涯中,我有机会有所作为,揭穿当权官员的虚伪和谎言,这对我来说有一种特殊的吸引力”(Ben-Veniste 2009: 2)。伊朗门事件高级检察官约翰·柯克尔(John Keker),认为自己“支持那些遭受困扰和攻击的人们,而不与巨头为伍”,称自己“喜欢与政府,与自命不凡的人,与道貌岸然的人对着干”,承认自己的“乐趣”是“刺破浮夸和洋洋得意的气球”(Beeson 2015)。丹·拉瑟这样描述自己的记者生涯:“努力揭露那些坑人的鬼把戏”(Friend 2015)。《大西洋月刊》在评论以同名调查为主题的电影《聚焦》时,称赞《波士顿环球报》不“趋炎附势”,“有强大的意志力能顶住政治或社会压力”(Scott 2015)。莎士比亚在《亨利六世》中有一句诗意化的表达:“欲让暴政横行,必先除律师而后快。”莫里斯·狄斯让读者相信:“我们仍将面临专横跋扈者:轮胎制造商明知轮胎有缺陷,却依然允许它们驰骋;烟草公司明知烟草对人体有害的医学事实,却加以隐瞒,造成每年数千人死亡;金融机构和信用卡公司明知有风险,却欺骗穷人钱财;小型二手车经销商明知车辆有缺陷,却仍故意销售……这些都是当代的暴君,受害者们迫切需要无畏的律师们。为受害者出头赋予律师职业真正的意义,这种抽象意义上累积的回报和财富,是银行存款无法比拟的”(Dees 2011: 346)。凯瑟琳·格雷厄姆的总结简单明了:“统治者和记者”是“天然公敌”(Graham 1997: 457)。

公民英雄们对专制者的抨击,没有被当作自私自利、爱慕虚荣的大胆冒险,而是被描述成代表人民和公民领域的正义之师的英勇牺牲,对于公民领域来说,没有监管,就会有失职。在伍德沃德和伯恩斯坦合著的《总统班底》出版后不久,记者出身的公共广播领域专家阿利斯泰尔·库克(Alistair Cooke)说"政府官员做错任何事,都会上头版头条"(Havill 1993: xix)。《纽约时报》盛赞电影《聚焦》"不追求轰动效应,直面邪恶",而邪恶就是"权力无须问责的运行方式"(Scott 2015)。历史学家理查德·霍夫斯塔德在其撰写的关于美国进步主义时期的书中,将新闻职业等同于公民修复,书中写道:"进步主义者的典型就是新闻工作者",是"一个有社会责任心的记者-改革者"(Hofstader 1955: 186)。

如果用无私和克己来描述公民英雄的道德特征(见 Revers 2017: 43 - 78),那么这将很难刻画他们的情感——他们随时喷涌的愤怒与厌恶。罗伯特·雷德福称丹·拉瑟为"野蛮人",而拉瑟本人也承认"我是一团炽热的熊熊燃烧的火焰",并称"正义是民主的红色跳动的心脏"(Friend 2015)。辩护律师克林顿·班贝格(Clinton Bamberger)为一贫如洗的被告争取权益,并创立"布雷迪规则",拓宽了被告可行使的权利渠道,她的一位同事称她释放了"正义之火"(Roberts 2017)。柯克尔之所以卷入奥利弗·诺思(1987 年的政治丑闻"伊朗门"事件)一案,是因为当他得知美国在中美洲发动了一场秘密战争时,"感到愤怒"。"我痛恨越南战争",他说,"所以听到一群大男子主义者在中美洲以非法方式发动战争,我感到无比愤怒"(Guthrie 2014)。《华盛顿邮报》称赞戴维·哈尔伯斯坦(David Halberstam)发自越南的报道如此有"煽动性",以至于肯尼迪总统恳求"《纽约时报》的发行人不要让哈尔伯斯坦继续报道越战"(Allen 2007)。面对反公民威胁,他们的怒气和愤慨激发了勇气和毅力。《华尔街日报》评论电影《聚焦》时,给出一个醒目的标题——“无上的荣耀，无畏的聚焦”(Blazingly Bright, Fearlessly Focused)(Morgenstern 2015)。对于揭露科学教(scientology)的普利策奖得主帕莱特·库珀，同事对她作出了这样的评价：“在我共事过的记者中，她是最坚韧不拔的一个，甚至有点凶猛”(Meacham 2011)，后来补充道：“形容她的每句陈词滥调，包括那句‘如同一只斗牛犬，死死地咬着脚踝不放’，都是她的真实写照”(同上)。在罗伯特·穆勒被任命为美国联邦调查局局长时，司法部的一位前发言人称他是“灵感之选”，表示：“作为一名调查诈骗和海外行贿的专家，他知道如何追踪资金的流向。没人知道他们会发现什么，但是只要有人有所发现，非他莫属”(Lewis 2001)。

然而，有时即使检察官掌握了欺诈和贿赂证据，也不一定能确保指控成立；即使记者们坚持不懈，即使编辑们无所畏惧，即使曝光的内幕令人义愤填膺，也并不总能激起民愤。在戏剧《推销员之死》中，琳达·洛曼控诉了其丈夫威利悲惨的一生，她呼吁：“必须要关注!”但事实往往相反。揭露反公民行为的故事不一定能坐实指控，诉讼也不一定能给坏人定罪。公民愤怒的表演未必与公民受众的视域相融合。即使丑闻上演，观众也淡定自若。尽管“媒体对伊朗门事件进行了无孔不入的调查”，布拉德利回忆说，“却从未引发全国关注或集体良知。人们对这一事件的反应，从未像对水门事件那样如临大敌”(Bradlee 1995: 409)。

以上这些例子都说明社会化的发生是受条件限制的。

第三章　为什么社会化没有发生？

公民领域动荡不安，矛盾频出。由于与公民领域相邻界的各种非公民机构所持有的正义观往往看起来与公民价值观背道而驰，所以，许多边界问题基本上都是引爆公民领域的地雷。当公民英雄们勤勤恳恳、兢兢业业时，公民领域的正义之声就会成为时代最强音，淹没其他杂音，公民领域的监管机构也能发挥主导作用。在这些时刻，引发众怒的对象将成为众矢之的，被羞辱惩处，而维系公职的道德关系将会重新被激活。体制结构将被修复，使构成其组织形式的激励机制和制裁措施重新发挥作用，并对奠定声望、维护权威的职业文化进行整顿。

在理想的社会化模型中，公民修复历经这样一个系列过程：稳定状态下机构内部的紧张关系——符码转向——监管重构——反击——回归稳定状态。下面提到的案例研究都是从实证角度对这一模型的阐述。除了＃MeToo运动，每一个案例都触发了相同的因果顺序，社会化进程中的每一个环节都是完整的。

然而，像这样有着清晰的先后顺序的社会化进程并不多见，是例外而不是常规。即使机构紧张关系严峻，通常也不会引发社会化。从机构内部标准向公民标准的符码转向通常看起来很不切实际。此外，即使社会化被触发，也常常停滞不前。即使它没有停滞，社会化也常常会导致螺旋式上升的冲突，最终是破坏而不是修复公民领域。

如果监管机构行为失当，如果急需的公民修复没有及时到位，如果民众的道德愤慨无法遏制，就会导致恶性事件发生，纵观历史，这样的事情比比皆是。19 世纪早期和中期遭遇了严重的金融犯罪和毁灭性的经济萧条，但社会范围的危机却很少发生。只有当工人和中产阶级的改革运动得到认可时，经济危机才开始在公民领域产生更大影响，劳动阶级遭受的侵害才开始被视为整个社会遭受的破坏(Polanyi 1944)。男性对女性的性别偏见、性骚扰和暴力事件，近几个世纪以来，在近代机构竞技场——家庭、学校和职场，丝毫没有减退，甚至被认为不值一提。即使这些问题浮出水面，通常也被当作小打小闹，最后在机构内部交由男性主导者处理(Kerber and De Hart, 1995)。直到近半个世纪，这些性侵犯行为才引发了符码转向和社会化，时至今日，反性侵的社会化进程仍在发酵。再譬如，少数族裔所遭受的侵扰和警察暴力也是如此。尽管废奴主义已经取得胜利，但是，从美国内战北方的胜利到“罗斯福新政”中期，整整 75 年过去了，而对非洲裔美国人动用私刑才开始社会化进程(Zangrando 1980)。而且即使是当今社会，警察也没有停止过对黑人的暴力执法。近期这种反公民暴力行为已引发了符码转向和监管干预,但到目前为止,公民修复只是断断续续地开展(Ostertag 2019)。

这些社会化进程受阻而停滞不前的例子之所以没有实现本书中呈现的理想化-典型化的社会化进程,归咎于两大类障碍:边缘化(marginalization)和分化(polarization)。

边缘化

如果受到体制性压力和功能失调影响的群体是次属群体(subaltern groups),那么社会化就会受阻或停滞(Fraser 1992)。当被污名化的人群被隔离在独立的机构和社区,他们所遭遇的紧张关系、承受的压力和他们用以解决这些问题而设计的社交技能往往被人们无视或忽视,因为人们的观念受占主导地位的公民领域的媒体机构影响,其行动也因此受到制约。

这样的例子屡见不鲜:体力劳动者在工业资本主义早期所遭受的掠夺(Marshall 1965);犹太人在中世纪和近代早期在欧洲社会的遭遇(Trachtenberg 1961);殖民地人民遭受的帝国主义统治(Said 1978);南非黑人遭遇的种族隔离统治(Frederickson 1981);非裔美国人的系列遭遇——奴隶制、种族歧视和北方贫民窟化(同上);北爱尔兰的天主教徒在内战结束后和耶稣受难日协议之前的种种遭遇(Kane 2019);妇女在男权社会中所遭受的压迫(Pateman 1988);同性恋在异性恋主导的社会中的尴尬处境(Seidman 1992),等等。这些边缘化群体所承受的各种压力和被强加的要求,不大可能被主流媒体报道;即使这样的报道确实存在,也很难引发符码转向(Jacobs 2000)。核心群体和边缘化群体之间,没有共同人性可言,也很难引发认知和情感共鸣。核心群体并不视边缘群体为完全意义上的人,认为他们缺乏公民能力(Landes 1988)。为了自身不被假定的另类危险群体所污染,核心群体采取了敌对态势,躲在自己的特权飞地,并没有设身处地为边缘群体着想而发起社会化运动,也不愿向弱势群体伸出援助之手(Massey and Denton 1993)。

鉴于社会化进程面对如此根深蒂固的阻挠,应对压力的其他方式可能会应运而生,毫无疑问为改善紧张关系提供了间接途径。社会运动可能会以平和或激进的方式出现,对抗严格的等级制度,揭露种种不公正表现(Eyerman 2006; Eyerman and Jamison 1991; Kane 2019; Ostertag 2019)。知识分子可能会发起尖锐批评,社会科学家可能会展开深入调查;政府可能会发布白皮书,教徒可能会发起哀诉布道(Smith and Howe 2015)。

社会化受阻时,社会兼文化层面的抗议诉诸一个理想化的公民领域,因为公民领域不会屈服于破坏性的妥协,而正是这些妥协导致了现今各种“真实”的公民团体中的边缘化现象。如果这些抗议活动蓄积到足够多的力量,它们会影响文化表征的不对称背景,正是这种不对称背景限制了人们公允地审视次属群体所面对的制度性压力,并为之开脱罪责。随后,愤怒的、反霸权叙述开始出现,控诉侵略性的反公民控制,而这些新的理解也在更广泛的集体意识中积淀(Branch 1988; Cott 1987;

Cott 1977)。[①] 关于性侵犯、恋童癖、金融腐败以及新闻业的失德和失责的各种耸人听闻的故事也在逐渐累积。同时,与这些故事交织在一起的还有新涌现的公民英雄的故事,以及关于个人及社会运动与反公民势力及机构顽强抗争并时而取得胜利的浪漫叙述。[②]

对于我下面所描述的社会化进程来说,构建这样一个神圣与亵渎相混合的文化背景表征储备,虽不是充分条件,也是必要条件。近两个世纪以来,金融腐败和经济领域的精英们的自私贪婪一直是美国流行文化的主要产品;那些触发社会化运动的事件让人很容易联想起此类故事梗概。关于渴望获得权力的媒体巨头和冷酷无情的记者们的故事也是久盛不衰,这些叙述为引发民众愤怒的制度性事件提供了强有力的背景。相比之下,教堂恋童癖在西方社会更多的是一种地下秘闻(Jenkins 1996),但自 20 世纪的后 30 年以来(Pfohl 1977),恋童癖被视为对公民领域的危害,一个无法回避的问题,因此逐渐受到越来越严格的更广泛的审查。恋童癖受到越来越猛烈的抨击,这为机构曝光教堂内部操作

① 斯诺和贝本福德有效构建了社会运动与公民之间产生与不产生共鸣的条件,包括实证可靠性(与"世界实践"相吻合)、经验可通约性(与"经验之条件"相称)以及叙述忠实性(与作为"文化遗产"的一部分的"文化叙述"产生共鸣)(Snow and Benford 1988: 205)。但是,只有当相关的背景表征已经在我这里提到的各种进程中,包括社会运动本身中被储存,这些典型的共鸣才会发生(参见 Wright 2014)。

② 奥逊·威尔斯(Orson Welles)的《公民凯恩》(1941)——对媒体大亨和黄色新闻记者威廉·伦道夫·赫斯特(William Randolph Hearst)职业生涯的暗黑复述——一直在"有史以来最好的电影"榜单上名列前茅。根据哈柏·李(Harper Lee)1960 年的小说改编的电影《杀死一只知更鸟》(1962 年)中,由格里高利·派克(Gregory Peck)主演的阿提克斯·芬奇(Atticus Finch)是一个南方小镇上反对种族偏见的英雄。2003 年,美国电影学院将芬奇评为 20 世纪最伟大的荧幕英雄。

提供了一个生动背景。女权主义对男权的挑战长久以来更是屡见不鲜,大量控诉男性背信弃义和男性统治的曲折故事令读者肝肠寸断;此外,男性至上主义在过去常常被描述为男性特征,性骚扰被描述为男性正常行为,这些都加剧了与之相对立的反叙事的形成,为"♯MeToo运动"的社会化提供了背景。

分 化

然而,如果社群内部存在严重分歧,那么即使人们对反公民的认识越来越深刻,也不足以引发社会化。因为社会愤怒会被分流,最终无法以完整视角来呈现人们的共同关切。矛盾激化的结果是,社会化的出现非但没有扩大团结,反而加剧了分裂,这种不断加深的分裂非但没有强化和修复公民领域,有时反而削弱、甚至摧毁公民领域。

美国内战前对非裔的奴隶制就是一例。废奴运动使人们对奴隶制越来越关注,并最终引发广泛愤怒。然而,这种愤慨主要来自北方,而非南方白人群体。北方进入符码转向阶段后,其媒体表述却未能激起广大南方白人受众的共鸣。随着时间的推移,那些推动奴隶制社会化的群体和那些阻止奴隶制社会化的群体开始互相仇视,认为对方是无可救药的反公民者和敌人,而要维护南北方各自的公民领域,就必须用武力消灭对方。在数十年的宣传和监管失败后,武力似乎成了唯一的解决办法。只有在取得军事胜利后,北方的公民机构才能渗入到南方的公民领域,并开始对之加以修复——而这些重建[①]工程表明,十年后,一切又死灰复燃(Foner 1988)。

再来看看19世纪和20世纪初欧洲反犹太主义的社会化进程。西欧社会在长达几十年的时间里引入了一系列公民修复措施,允许犹太人融入本土社会,为犹太人提供政治、经济和文化意义上的公民身份。然而,这种社会化的动能最终却引发了非比寻常的反冲,使文化和政治领域的势力和精英们分歧加大,形成世界主义与原始主义之争。在法国,在19世纪的大部分时间里,虽然犹太人快速融入了本土社会,但90年代仍爆发了德雷福斯案事件(Dreyfus affair)。公众的反犹太主义情绪急剧增加,政治和文化分化加深,并为40年后维希政府与纳粹的合作搭建了舞台(Griffiths 1991, Marrus and Paxton 1981)。在德国,犹太人被融入的速度甚至比在法国还要快。然而,那里的反击也更为残酷。随着魏玛政权[②]在第一次世界大战中因战败而变得不稳定,反犹太主义的持续社会化反而煽动了对犹太人的仇恨,引发了雪崩式的反犹太运动。这种反冲最终摧毁了德国的公民领域,不久之后,也摧毁了德国犹太群体本身。

要发起和维持社会化进程,显然要有广泛的社会先决条件。要实施民主批判和改革,必须要有社会和文化分化——即要有制度多元性来挑战行业的实质权力;要有道德普遍主义来超越统治者的特殊神宠论这样的道德逻辑。只有满足这些条件,才有可能

① 这里的重建(Reconstruction)指美国内战后1865到1877年间的重建期,旨在解决南方分离各州重返联盟及黑人的法律地位等遗留问题。——译者注

② 第一次世界大战后,德国废除君主政体建立了魏玛共和国。——译者注

出现强有力的组织和文化对抗力量,为聚合社会范围内的行动提供平台,从而打破稳定状态的内部隔绝现状。然而,如果社会团体过于分化,导致某些群体被边缘化,那么,已经造成这种排斥的制度压力也不会引发社会化。同样,如果不同的社会团体在文化和组织上都高度分化,那么社会化进程也无法维系(参见 Rueschemeyer 1986)。换句话说,除了要具备产生领域间冲突的组织能力和符号能力,显著的互文性(intertextuality)也不可或缺(Kristeva 1980)。公民受众必须感觉到,或者有人让他们感觉到,即使他们没有共同的意识形态利益和制度利益,他们也有共同的公民评价标准。

只有拥有共同的文化意义背景,反精英联盟才得以相互敦促,并要求实施制裁。这样才更有可能让公民愤怒之声传递到感同身受的听众中。公民社会的二元话语体系及其关于腐败、阴谋、贪婪和性侵的警示性故事,为触发社会化的符码转向提供了背景条件,也为在特定时间和地点引爆民愤创作了脚本。在这个被重新编码的脚本中,紧张关系演变成创伤(Eyerman, Alexander, and Breese 2011)。曾经被崇拜的权威被重新定义为作恶者,曾经感到不胜荣幸的听众被重新定义为受害者。正义的门槛被提高了。神圣的公民历史上的传奇人物与当代公民表演相融合,新的公民英雄由此诞生。制度性力量发挥作用,重要的公民修复得以展开。

第四章　教会恋童癖危机

稳定状态

成人当权者和未成年人之间的性关系在罗马天主教教堂内已存在了几个世纪（O'Conaill 1995：21，White and Terry 2008）。2010 年，教皇本笃十六世在对主教和其他教会官员的圣诞演讲中暗示，直到 20 世纪 70 年代，"恋童癖在理论上被认为是成年男子与儿童间的情感默契"（*Belfast Telegraph* 12/21/10）。这是一种为了给自己开脱罪责而作的毫不掩饰的辩解，这一说法显示机构内部价值观与机构外界价值观之间的强烈反差。虽然教皇急切地宣称，恋童癖在 20 世纪 70 年代的教会中被广泛接受，但在外部社会中却备受诟病，不仅是 70 年代，60 年代也是如此。20 世纪 70 年代之后教会开始改革，但这并非源于自身观念的改变，而是迫于外界道德和制度环境压力。随着一系列丑闻在报纸的头版头条曝光，甚至诉诸法律,教士恋童癖再也不是教会内部秘闻。横亘在公民领域与教会内部恋童癖之间的高墙显得那么突兀而刺眼,于是逐渐被推倒。

天主教高层从没有正式地鼓励过恋童癖。但是,在长期的稳定状态下,教会的内部努力成功地掩盖了机构内幕,使这些行为不为外界所知。那么天主教到底如何看待恋童癖?天主教的精英们又是如何应对这种行为?教会主要致力于维护天主教自身的道德评价和机构内部权威。据圣职部(the Congregation of Clergy)的部长说,教会恋童癖虽然令人唾弃,但却被视为"生活中无法回避的事实"(*New York Times* [*NYT*] 7/2/10)。这是基于基督教价值观的一种模棱两可的解读。按此解读,不道德行为,算不上对普世的道德标准的违背,而仅仅证明人类本性的堕落。一位高级教会官员解释说:和其他人一样"神父也有缺点"(*NYT* 3/28/02)。另一位教会官员说,如果忏悔不能改变态度和行为,唯一的希望就是祈祷"这个难题能得到解决"(*NYT* 4/20/02)。"基督教教义的核心是上帝赐予我们改过自新的能力",一位主教解释说,"说一个人无法救赎与天主教文化格格不入"(出处同上;也可参见 Bruni and Burkett 2002 [1993]: 167; *USA Today* 4/22/02a)。从教会的角度来看,教会恋童癖并没有挑战领域间的稳定状态;还不至于遭到公众谴责,更不用说逮捕和监禁了。相反,教会所要求的是忏悔和服从领域内权威:"当一个神父表达伤感时,这就偏离了教会法的司法程序";因为,"如果他寻求和解",那么"教规会给他赦罪"(*NYT* 4/20/02)。

教会当局以此因信称义说(justification by faith)作为挡箭牌,

要求外界尊重机构内部文化权威，并以此来对抗外界对恋童癖日益增长的警告。在成为教皇本笃十六世（Pope Benedict）之前，作为枢机主教的约瑟夫·拉辛格（Joseph Ratzinger）就卷入了长达数十年的教会内部斗争，旨在遏制恋童癖。他还曾担任信理部（Congregation for the Doctrine of the Faith）部长，信理部自1922年起就被授权处理性侵害事件。然而，在他作为部长的二十年里，枢机主教拉辛格选择从不行使这一名义上的权力（*NYT* 7/2/10）。这位未来教皇的传记作者解释说，"要优先考虑教会文化"，主教非常"注重权威的等级秩序"（*NYT* 4/30/10）。当神父性侵系列事件首次被曝光于众、美国天主教主教召开会议之际，拉辛格主教警告说，制定消除恋童癖的政策"毫无神学依据"，尽管初步发起的改革努力起源于教会内部，但后者"不属于教会的结构"（*NYT* 6/14/02）。

机构内部大力遏制恋童癖丑闻，除了出于文化动机来维持稳定状态，还有就是出于实际需求——维持教会的持续运作和教会功能。"所有教会都有这一倾向"，一位宗教观察家警告说，"即把教会本身看得比教会所传递的信息更重要"（*NYT* 3/28/02）；另一位观察者承认"神父在美国和其他地方都长期短缺"（*NYT* 4/20/02）。教会官员在应对神父恋童癖时，不仅要考虑信仰的脆弱性，遵从已确立的道德权威，还要确保无论恋童癖神父的性行为如何反常，在任何情况下都不应阻止他们"履行职责"（同上）。

正是出于上述观念和教会实际需求，教会当局在面对性侵证据时，竟然向恋童癖神父们而不是被认定的性侵受害者表达同情和关心：他们建议对神父们进行心理辅导而不是惩罚（Barth 2010，

National Review Board 2004)。“有人为迪亚兹神父做些什么吗?他现在面对的处境很糟糕。我们不应该多拉他一把吗?”(*NYT* 4/20/02)。这些是《布鲁克林主教日报》披露的主教私人信件中对迪亚兹神父的担忧,这些信件在迪亚兹神父系列恋童癖事件被曝光之前就已流传多年。虽然这一事件在教会内部早已不是秘闻,但《主教日报》很少提及此事,反而高度赞扬迪亚兹神父兢兢业业,“在过去 25 年里完美履行了罗马天主教的国际传统”(同上)。主教还指出,迪亚兹神父的仁慈善良,不仅有宗教当局可以作证,教区居民也可以作证。综合各个方面,主教认为迪亚兹神父堪称“楷模”,尽管神父的某些行为被公开指控为性犯罪(同上)。

在时间节点 T1,机构间的猜忌和敌对反而加强了机构内部的忠诚。千百年以来,教会对公民权威的不信任显而易见,例如,教皇约翰·保罗二世 2002 年公开支持一封赞扬一位法国主教的信,说这位主教宁愿面对牢狱之灾,也不愿将一个恋童癖神父交给公民法庭(*NYT* 4/30/10)。2001 年《波士顿环球报》一篇文章中写道,枢机主教劳尔(Law)——因不举报、不惩戒惯犯而很快成为新闻人物——暗示,遭遇性侵的受害者向公民权力机构求助这一行为实际上阻挠了教会当局对这类问题的妥善处理(*Wall Street Journal* [*WSJ*] 1/18/02)。在谈到为什么他决定不把神父恋童癖事件交由警察处理时,一位主教解释说:“这将是一个巨大的丑闻,教会的所有精力都将用来对付那些想趁火打劫的人”(*NYT* 4/20/02)。

符码转向

“对于我们这些长期关注这个问题的人来说,最非比寻常的事情”，两位经验丰富的记者在 2002 年关于教会恋童癖的文章中写道，“是惊讶于该事件直到此时才被新闻媒体曝光”（Bruni and Burkett 2002 [1993]：xviii）。

神父恋童癖罪大恶极，这一点毫无争议，也正是基于这一点，这一紧张关系最终引发社会化；但恋童癖既不是这场符码转向爆发事件的主要指涉对象，也不是引发社会化的导火索。恋童癖更像是一种托词，借此来书写关于公民义务的本质及不履行公民义务而造成的巨大危害的社会学文本。

《波士顿环球报》2003 年获得普利策奖的揭露文章——该报在前 4 个月里发表了近 300 篇报道（Bradlee 2002：x）——成功转变了符码，曝光了教会中“藏匿”的机构内性侵行为，让真相大白于天下。然而，让人读后忍不住爆粗口“该死的……”或“刺痛神经”（同上）的真正的大新闻，不是神父恋童癖的细节，而是《波士顿环球报》的报道称主教伯纳德·劳尔早在几十年前就已知晓此事。“教会多年纵容神父性侵”（*Boston Globe* [*BG*] 1/6/02），《波士顿环球报》头版头条大标题赫然表达愤怒之声，副标题解释道：“大主教管区明知神父乔根的过往记录，仍将他从一个教区派往另一个教区任职。”神父约翰·J. 乔根（John J. Geoghan），据《环球报》称：“犯罪时间长达 30 多年，在 6 个大波士顿教区任过职”，对 130 多名年轻人实施了性侵。但是，即使神父乔根在面对其中一场（共两场）刑事审判时，《波士顿环球报》仍坚持追问，“与神父的性侵细节相比，更令许多天主教徒不安的是：为什么三位枢机主教和其他多位主教在长达 34 年的漫长时间里让孩子们生活在乔根的魔爪之下却坐视不管？”（*BG* 1/6/02）。同年晚些时候，《波士顿环球报》发表了一篇连载数月堪比著作的长文——《背叛:天主教危机》,副主编小本·布拉德利(Ben Bradlee Jr.)在评论该报所取得的新闻成就时表达了类似的观点:"一个关于神父被指控猥亵儿童的故事,现在演变成一位主教纵容神父以掩盖教会内部丑闻的故事"(Bradlee 2002: ix - x)。《波士顿环球报》长达数月的新闻报道完全是在陈述事实;当然,这要基于艰苦的调查,遵循新闻客观性这一职业准则。但是,除了用调查的事实说话,道德审判也功不可没——这正是因为新闻业是公民领域中一个重要的传媒机构。在《波士顿环球报》报道的每一个事实描述中,都内嵌着一个诠释性框架。

媒体报道以核心公民价值为武器,讨伐了教会体制内的价值观和行为,称其污秽不堪,谴责教会领袖没能履行职责义务,揭露波士顿警察和法院的腐败,怒斥曾经受人敬重的教会如今变成威胁神圣民主的毒瘤。《波士顿环球报》的新闻调查详细描述了教会如何大费周章掩人耳目,将神父恋童癖消息封锁在宗教领域内部。这篇针对教会对外界设置屏障的评判性报道,运用了反公民动机词汇——秘密、沉默、操纵和欺骗。

· 教会的首要目标——是不惜一切代价避免丑闻泄露(*BG* 1/31/02)。

· 大主教管区多年来一直在暗地里秘密处理针对神父的诉讼指控(*BG* 12/4/02)。

· 避免公开审理,与受害者私下协商,相关方"从未……去法院处理此事"(*BG* 1/31/02)。

· 多年来,神父的各种失控行为记录一直[被]锁在教会的秘密档案里(*BG*12/4/02)。

·《[主教]日报》要求他们保守性侵秘密(*BG* 3/14/02)。

·家庭成员被要求“对性侵行为保密”(同上)。

·“在教会严密的保护伞下,大主教区……私下解决了对性骚扰的指控……”(*BG* 1/31/02)。

·“这么多秘密协议的累积效应,让人明显感到不安”(同上)。

·“少数抱怨者被敦促保持沉默”(*BG* 1/6/02)。

·“乔根之所以敢为所欲为,正是因为大主教区始终保持沉默”(同上)。

·“大主教管区有……自己的秘密档案”(*BG* 12/1/02)。

·“性侵内幕……将被封存”(*BG* 1/31/02)。

·教会领袖“留下国际欺骗和操控的痕迹”(*NYT* 4/20/02)。

根据《波士顿环球报》记者的报道,教会高层在这种反公民品质的驱使下,不仅成功地掩盖了性侵行为,不让公民领域知晓,还成功地将自己“**监管**失误”的证据密封在法院认可的保密协议内(1/31/02,黑体字强调为后加)。在一篇又一篇报道中,《波士顿环球报》的记者们陈述了教会当局如何从自己利益出发,忽视普通大众的利益。这些监管失误被描述为没有履行应有的职责,从而削弱了公民控制的可能性。“教会监管人员知晓或理应知晓”,《波士顿环球报》(同上)评论说,“但他们无所作为,没有阻止”。《今日美国》(4/22/02a)证实,那些教会当权者“与救助数百名受害者相比,更在乎维护自身形象”;《纽约时报》(3/28/02)指出教会当局“掩盖丑闻和威胁那些想要发声的人”,误导了公众。

据《波士顿环球报》(1/17/02)报道,因为教会机构不属于公民领域监管范围,所以神职人员“不受法律约束”。杰·雷诺后来不无讽刺地说,教会权威"对法院几乎无所畏惧"(同上;也可参见 *BG* 1/17/02)——"枢机主教凌驾于法律之上"。《波士顿环球报》(5/12/02)认为,由于公民领域对教会当局采取放任态度,所以法官们也是"参与隐瞒真相的共谋"。据报道,纽约一家受理上诉的法院曾经声称,他们对恋童癖案件的调查,"受到宗教自由保护条款阻碍,被视为对教会教义的质询而无法展开"(同上)。另一名法官拒绝给警方调查人员提供逮捕令,声称"搜查神父家令人无法容忍"(同上)。据《波士顿环球报》报道,由于职能部门腐败、法律部门没有作为,"教会记录被封存在宪法的防火墙之后"(*BG* 11/23/02)。

在《波士顿环球报》首次报道教会性侵事件的两个月后,《纽约时报》(3/28/02)称"罗马天主教会高层的反应"令人"震惊"。公众舆论——公民机构得以畅所欲言之地,现在被彻底激怒了。对许多人而言,甚至对大多数美国人而言,基督教为美国民主提供了形而上学的支柱;但现在人们担心美国的民主内核不再稳固。首批恋童癖报道发布三个月后,《华尔街日报》(6/13/02)称68%的美国人相信天主教堂在掩盖性丑闻,"而不是公开真相",89%的人认为"天主教主教们袒护神父,没有将神父交由警局处理,应当被撤职"。回顾整个调查过程,《波士顿环球报》既没有浓墨重彩地描写性侵,也没有扯到宗教,而是强调了最根本的民主话语:

> 波士顿可能是一座典型的美国天主教城市,但是随着丑闻迅速蔓延,事态的发展已经超出了地方丑闻的界限。它最终演变成一桩国际丑闻,讲述了在强大的机构利益面前,无权势的个体利益如何被搁置一边,而凡人如何摧毁了对神的不

朽信仰。(Investigative Staff of the *Boston Globe* 2002：8)

《华尔街日报》(4/18/02)将恋童癖丑闻与20世纪美国最骇人听闻的反公民丑闻水门事件相提并论，称恋童癖丑闻将“与水门事件……一起载入教科书，作为欺骗的典型案例。”

实质性监管

公民领域的媒体揭露了教会内部的玩忽职守。据记者报道，教会高级管理层没有遵从公民标准。他们和公民之间有“固有的利益冲突”(*USA Today* 4/22/02a)，因为教会所关注的机构内部问题与整个社会关注的焦点不一致。其实补救措施很简单：教会领袖应向外部公民权威机构报告性侵相关指控，而不是在教会内部私下处理(*WSJ* 3/18/02)。如果教会高层不能胜任其职，那么强制性公民权威机构将取而代之。

监管部门迅速响应了这一呼吁。从传播机构的诠释性干预到监管部门的实质性干预，有时非常畅通。几十年来，法院一直默许教会将性侵证据封存在保密协议内。但是继符码转向之后，特别是“响应《波士顿环球报》提出的动议”之后(*BG* 1/6/02)，法院下令教会公开保密协议以接受公众监督。一车车实实在在的私密文件从波士顿大主教管区被转移到法院管辖区域。

通常情况下，从符码转向到实质性制裁并不那么直接。要让这一转变直接被观察到，媒体必须用英雄主义的、戏剧性的话语对这一过程进行重构。

[马萨诸塞州]总检察长托马斯·F.赖利(Thomas F.

> Reilly)在一个他称之为“典型的爱尔兰天主教家庭中长大”……
>
> 这位总检察长回忆道:“我们都要跪下来祷告,每晚如此,全家都是。”
>
> 赖利还是一位年轻的检察官时就已得知阿灵顿有一位神父性侵儿童,但他当时认为这只是一次意外事件。之后在1992年一起前牧师性侵犯罪被曝光时,赖利被其恶劣程度震惊到了,但他最终给了教会疑罪从无的判决。
>
> 紧接着在2003年1月,当读到《波士顿环球报》一篇接着一篇的教会性侵丑闻时,赖利彻底被激怒。
>
> “道德义愤上哪儿去了?”
>
> 赖利运用法律手段向教会施压,**迫使**枢机主教劳尔和大主教区再三改变策略。
>
> 在枢机主教劳尔坚称大主教管区内的神父没有性侵行为的一周后……赖利公开表示,应该由公众选举产生的并对公众负责的检察官们来决定性侵牧师的罪责,而不是由枢机主教来决定。(*BG* 5/12/02,黑体字强调为后加)

这个故事的寓意很清楚:只有取代宗教领袖的权威,才能拯救民主。

公民修复在社会化进程中意义最深远的一个环节是改变公民领域和宗教领域间的监管界限。《波士顿环球报》认为这是一个“法律分水岭”,称“伯纳德·劳尔作为当地一教之主成为美国历史上首位被罢免的枢机主教”。这是一场民主对抗贵族的胜利,公民领域在此过程中扩大了影响力，“迫使枢机主教和其他教会高层遵从一个更高的公民标准”（同上）。教会性侵事件是教会渎职和法院作为公民领域的一个关键机构执法不力造成的。作为应对措施，教会当局也要接受更严格的公民领域监管；在美国大城市，法院都设立大陪审团，由更宽泛的公民领域中的地方检察官和法律代表组成，他们不仅向法院提供性侵证据，也提供教会严重渎职的证据。

2005 年来自费城大陪审团的一份报告描述了数十名性侵受害者和数名性侵神父，声称该市的枢机主教，也是当地最高级别的教会官员，“为性侵行为开脱并纵容了性侵”（*NYT* 6/14/12）。被挑选进大陪审团的费城市民对该市教会当局发起了 60 项指控。性侵受害者也向美国法院提起了数千起诉讼，仅在加州一年就达 550 多起（同上）。随着公民权利取代宗教权力，教会基金也受到司法控制。教会恋童癖事件社会化开始的五年后，加州的教会被迫向原告支付了 2 亿多美元的赔偿金，美国四个中等城市的教区申请破产。社会化开始的十年后，仅法律费用一项，估计就花费了天主教会 25 亿美元。20 世纪 60 年代末，各州开始要求儿童看护人向警方报告涉嫌性侵的情况。直到半个世纪后的今天，才出台相关法律要求教会也必须要上报性侵行为（Isely 1997：292；Lothstein 1993；Myers 2008：454）。

公民领域对宗教领域的介入引发了“教堂会众的义愤”，其中不乏具有改革思想的宗教权威的义愤。公民领域的不断施压为教会内部得以实施以公民价值为导向的制度化改革创造了可能，使职责义务能更好地约束教会内部的权力结构。虽然有一位天主教普通信徒反复强调这种义愤的本质是宗教内部的(*USA Today*4/24/02),但其成员则表达了一种被秘密的教会统治集团排斥在外的感觉,一种类公民(quasi-civil)感觉,于是成立了公民协会来挑战这一集团。正如保守的《天主教世界周报》的一位编辑指出:"如果美国教会领导已经瘫痪,那么普通信徒……应站出来打头阵(Lawlor 2002)。"受害者权益组织要求教会领袖对普通信徒承担更大的责任(*USA Today* 4/22/02b)。这些组织包括"反神职人员性侵委员会"和"信徒之声",后者在 2002 年的头六个月里新增了 19000 名成员。

2003 年 6 月,美国主教会议通过了《达拉斯宪章》(Dallas Charter)。地方教区和宗教团体被迫全面参与约翰·杰伊刑事司法学院发起的数百万美元的调查,最终形成了一份极具批判性、广为传播的关于财政成本、性侵者和受害者的报告(*USA Today*1/8/04)。宪章还要求美国各教区设立普通信徒审查委员会,监督受理性侵指控,为受害者提供咨询服务,设立一个大规模的防性侵教育计划(该计划最终惠及 600 多万儿童),对所有与儿童打交道的成年人进行强制性背景调查,每年进行合规审计,并成立一个全国合规审查委员会(National Public Radio [NPR] 1/11/07; *USA Today* 1/8/04, 11/18/04, 2/21/05)。受恋童癖丑闻影响,教皇本笃十六世被迫成为史上第一个提前"退休"的教皇。他的继任者,方济各教皇(Pope Francis),开始免除恋童癖神父的职务,并在教会-国家的宗教范围内推行准民事审判(*NYT* 6/16/15)。虽然方济各教皇也承诺要重整宗教权威机构,但这一点最终还是受到质疑(*NYT* 1/18/18,1/20/18a,1/20/18b, 1/23/18)。

反　击

汹涌的公民干预和制裁打破了稳定状态,社会化的发生使教会当局的机构内部策略变得苍白而无力。然而,教会高层非但不承认其批评者的道德动机,反而"常常指责敌对势力借恋童癖指控对教会进行恶意攻击"(*NYT*7/2/10)。教会当局强烈反对来自公民领域的审判和其他机构的介入。恋童癖丑闻发生5个月后,教皇与枢机主教劳尔举行了一次重要会议,会后教皇对外宣布枢机主教劳尔将继续留任。《今日美国》(4/22/02a)报道了教皇的担忧——机构内的教会价值观在公民领域的压力之下正在被摒弃:"梵蒂冈担心教会将受制于美国公共关系的各类调查,而丧失其自身的宽恕、苦修和补偿标准。"

教会当局否认公民干预的合法性,认为媒体发起的符码转向是为己谋利的策略性手段。与梵蒂冈有密切接触的意大利自由派报刊《共和报》(*La Repubblica*)称,一些"天主教圈子"认为媒体抗议的幕后推手是"纽约的一个犹太人游说团体",暗指持不同信仰的苏兹贝格家族(the Sulzbergers)。苏兹贝格家族拥有《波士顿环球报》和《纽约时报》两大畅销报纸(*NYT* 4/3/10)。当然,即使不是媒体,也会有其他实体要为这种公然批判背锅,总之绝不会是教会自身的问题。早在几十年前,教皇约翰·保罗就曾公开坦言,对性侵事件的大肆宣传只会帮助"共产党和新教徒"(*NYT* 4/20/02)。

教会官员在应对最近的一条丑闻时,怪罪"60年代的社会潮流”催生了“性放纵”和一种容忍一切的相对主义“企业文化”(*NYT* 3/28/02)。著名天主教神学家理查德・约翰・诺伊豪斯(Richard John Neuhaus)告诉《今日美国》(4/22/02a),恋童癖不是问题所在;问题在于卷入性侵的神父们在神学院做学生的时候,道德规范就松弛,教义管理不严。罗马教廷首席驱魔师表示,《纽约时报》对教皇本笃十六世的报道“受魔鬼驱使”,“这一点毫无疑问。因为本笃是教皇约翰・保罗二世当之无愧的继任者,所以很明显魔鬼想要控制他”(同上)。

强大的教会精英们一方面否认他们的动机和行为违反公民道德,另一方面,他们也极力反对来自外部的公民监管。例如,他们声称受害者律师提起诉讼并非出于道德原因,而仅仅是为了获得物质补偿。为了教会自身利益,他们暗地里发起了一场涉及各州的反对放宽诉讼时效法令的全员运动,因为取消时效限制将极大有助于公民领域向教会性侵者提起诉讼(*NYT* 3/28/02)。

有位律师在回忆教会成功阻止科罗拉多州延长诉讼时效一事时说:“政治是我经历过的最残酷的事情。”这场运动持续了多年。符码转向的10年后,《纽约时报》(6/14/12)刊登了标题为“教会为缓解性侵诉讼而战”的文章,称一名高级神职人员警告,废除诉讼时效法令“不会保护任何一个孩子,只会让律师通过诉讼获得巨额收入”。

教会在抵抗公民干预上投入了大量精力和资源,也产生了显著效果。要想维持监管惩戒力度,公民领域的法制和警察权力机关必须要源源不断获得公众支持。由于美国的法律制裁大多是地方组织的,教会官员们便努力为蒙羞甚至被定罪的神父争取来自“教区和社区的大力支持”，导致实际处罚力度大为削弱（*NYT* 4/20/02）。据广泛报道称，“公民当局向主教施压，要求他们更加开诚布公”，但是尽管教会拒绝公开谈论性侵事件、拒绝公开个人档案，性侵神父也“没有被执法人员怠慢”（同上）。

尽管教会与法律机构之间的对抗被大肆宣传，但刑事案件始终是认罪辩诉，没有公开审判。布朗克斯区的一名检察官在评论法庭判决时抱怨处罚过轻：“就是因为这家伙是个神父，才逃过一劫”（*NYT* 4/20/02）。2008 年堪萨斯城教区通过了 90 项预防措施，但只有少数得到强制执行（*NYT* 8/15/11）。2002 年 6 月虽然全国天主教会委员会通过了具有改革色彩的《达拉斯宪章》，但有部分条款在年底生效之前就被梵蒂冈大打折扣了。

回归稳定状态

在《波士顿环球报》曝光恋童癖并引发符码转向的五周年之际，美国国家公共广播电台以“教会丑闻：五年以来”系列报道回顾了整个事件。栏目主持人称这次具有历史意义的运动将机构内部的黑暗曝光于公民领域的光明之中。她说：“《波士顿环球报》揭露了广泛存在的神父性侵儿童现象，且提供了教堂掩盖事实的证据”，指出了媒体干预的作用和教会职能权威的反公民特征（*NPR* 1/11/07）。

一位特约记者证实，神父性侵幸存者互助网（SNAP）“每周仍会接到新的受害者打来的电话”（同上），但他强调，这种持续的性侵事件现在转由机构内部处理。一位性侵受害者加入了辛辛那提大主教区的神职人员性侵非专业委员会,他说道:“这是我们的教堂”,“我们有责任呐喊和抗议”(同上)。十年后,《纽约时报》报道说:“美国天主教主教会议称,从2015年7月1日至2016年6月30日,他们收到了针对361名神父的730起确凿的性侵指控”,其中一名受害者的律师表示:“还没有结束”(*NYT* 7/26/17)。紧张关系依然存在,索赔没有停止,不同的是,这些现在由美国天主教会处理。①

---

① 尽管美国恢复了稳定状态,但美国报纸继续时不时对国外的教会机构进行调查,有时会触发准则转变和公民修复,有时会报道这些社会化进程在国外的进展情况。例如,2016年,《纽约时报》以“本尼迪克特的哥哥说他对性侵不知情”为标题,含沙射影地报道说,“前教皇本笃十六世的哥哥乔治·拉辛格(George Ratzinger)牧师在一次采访中说……他不知道教堂唱诗班的年轻男孩遭受了性侵,而他在这家国际知名的德国唱诗班里担任了30年的指挥”(*NYT* 1/10/16)。三个月后,《纽约时报》以“德国著名唱诗班所在教会面对性侵丑闻”为题(*NYT* 2/6/16),报道了该唱诗班“努力解决各种被忽视的举报”。18个月后,《纽约时报》以“‘沉默文化’致使至少547名德国唱诗班男孩遭受性侵”为题(*NYT* 7/18/17),报道了拉辛格牧师曾主持的雷根斯堡(Regensburg)教区任命的一名“独立”调查员的调查结果。该报指出,教区已向受害者支付了45万欧元,并且“该校近年来也开始改变其文化,并制定虐待行为预防和上报措施”(*NYT* 7/18/17)。之前是外界揭露和谴责性侵的遮掩行为,现在教会本身是对抗性侵的主角。另一起重回稳定状态后发生的教堂性侵事件与一位澳大利亚枢机主教有关。《纽约时报》(*NYT* 3/1/16)以“澳大利亚调查来袭,教皇助手沦为被告”为标题,报道了澳大利亚前大主教、教皇方济各的亲密助手乔治·佩尔(George Pell)的视频链接证词。在对这一事件的描述中,《纽约时报》的表述暗指主教滥用职权——“枢机主教在30年间从澳大利亚普通神职人员晋升到现职,对被指控恋童癖的牧师和教友到底了解多少”,以及他为什么“没有采取行动”(*NYT* 3/1/16)。然而,这些隐晦的指控与公民重建和教会重建的影响夹杂在一起。教会指出,改革派教皇方济各谴责“掩盖和否认的罪行”(*NYT* 7/7/16),成立“神职人员性侵儿童事件处理委员会”(*NYT* 3/1/16),而枢机主教佩尔被任命为该委员会的九名委员之一。枢机主教佩尔承认自己在三年前成立的“调查教会处理儿童性侵事件澳大利亚皇家委员会”上作过证。16个月后,《纽约时报》报道了枢机主教佩尔因性侵犯指控被澳大利亚 (转下页)

(接上页)维多利亚州警方逮捕的消息(*NYT* 6/29/17)。随后的报道称,虽然枢机主教通过发言人宣布自己“完全无辜”,但已经返回悉尼接受审判,在那里他将“积极为自己辩护并洗清罪名”(*NYT* 7/7/17)。就在枢机主教抵达悉尼几小时后,皇家委员会公布了一批文件,其中包含与性侵指控有关的电子邮件和信件。《纽约时报》援引一名澳大利亚前性侵受害者的话说:“正义的第一部分是承认过去。我认为皇家委员会做得很好,确实做到了这一点”(同上)。报道的最后一条提到了悉尼大主教的声明,即教会不会为枢机主教佩尔的辩护买单(同上)。同一天,《纽约时报》在专栏评论中以“梵蒂冈在性侵丑闻中的失败”(同上)为题刊发社论。

第五章　金融危机

稳定状态

稳定状态是通过领域间的相互作用而实现制度稳定的一种社会结构，而不是对某些实际情况的一种客观衡量，这一点可以从雷曼兄弟倒闭案例中充分体现：公司于 2008 年 9 月 14 日破产，在此之前几十年的金融市场却风平浪静。

几个世纪以来，资本主义经济经历了周期性衰退和间歇性大萧条，引发了一系列应对措施：从创建国家银行到控制货币和信贷，甚至干脆利用社会主义政策来取代资本主义市场，不一而足。然而，自 20 世纪 30 年代以来，无论是经济繁荣还是萧条，监管措施都没有引发人们对资本主义自我纠正能力的普遍担忧，更不用说重新全面思考公民领域和市场之间的界限。战后欧洲和日本经济复苏，计算机革命大幅提升了经济生产力，西方国家的国有企业进一步私有化，资本主义生产更是迈向全球化——所有这些发展，对于观察者来说，无论是右翼还是中间派，抑或是左翼，似乎都在佐证经济大动荡早已成为过去。人们信心日益增加的结果是，自20世纪80年代之后，政策指针开始偏移，之前几十年市场干预在公民和经济领域界限之间偏左，如今开始偏右，而监管本来就比较松弛的经济体更加不受公民领域管制。于是，国有企业变成私有企业，竞争被大力提倡，凯恩斯主义和货币主义成为所谓的新自由主义国家的工具。社会主义式微，社会民主变成新劳工政策（New Labor），保留下来的只有“各种资本主义”。①

民主国家脱离了经济监管，就如同旧漆在炎炎夏日纷纷脱落。在比尔·克林顿总统的民主党执政期间，美国政府废除了大萧条时期颁布的法律——《格拉斯-斯蒂格尔法案》（Glass-Steagall），该法案禁止同一企业既开展证券交易，又开展银行业务。罗斯福新政（New Deal）时期颁布该法案原本旨在保护普通公民免受来自市场的极度危险的反公民掠夺，这不仅保证了银行存款的安全，而且在更广泛的层面确保了人们对维系经济生活的社会关系的信任。人们认为，经济领域的权威们自身既不具备保障全社会经济安全的品质特征，也不具备道德意识。这种道德必须来自外部，必须由

① 即使在外交政策中，美国政府也越来越秉承“市场最懂”的立场，政府不去积极干预来缓解海外经济危机，而是提供一种“严厉的爱”（tough love）的政策，让全球市场去解决问题并保持一种稳定状态（*USA Today* 9/19/08）。这种市场为先的政策被称为“华盛顿共识”（Washington Consensus），去监管化和私有化被看成是“各国寻求长期繁荣的唯一出路”（同上）。

国家机构来实施公民领域的理想。

几十年后,市场似乎变得更加驯服且遵循公民领域规范。一位经济学家向《今日美国》解释说:“自1982年以来,没有发生过真正意义上糟糕的事情。”事实上,在《格拉斯-斯蒂格尔法案》废除后的十年里,储蓄银行的金融投机受到了称赞(*USA Today* 9/19/08)。同样,抵押贷款市场也注入了“金融化”(financialize)新举措,一种名为“衍生品”(derivatives)的新投资工具功不可没。衍生品鼓励以超低的次贷利率向债务人提供贷款,这转而又导致债权人之间的杠杆率居高不下(Mann 2013: 129–78)。

在雷曼兄弟公司倒闭的前几年里,放松管制引发的经济危险曾引起广泛讨论。然而,这些担忧大多只出现在全国性报纸的经济版和经济专刊中(Starkman 2011, 2014),在广大民众中几乎没有掀起任何涟漪。华尔街在很大程度上被描述为“值得信赖的投资场所”,被誉为“3A级的世界金融中心”(*USA Today* 10/1/08)。尽管美国经济实际上在2007年12月就陷入了衰退(*NYT* 12/2/08b),但无论是总统候选人奥巴马对经济不稳定发出的警告,还是他对放松管制政策提出的批评,都没有引起人们的注意。这种稳定状态一直维持到2008年大选的最后几周。

符码转向

2008年9月13日周日晚,华尔街投资巨头雷曼兄弟公司宣布破产。一个由精英经济顾问组成的政府小团体,主要出于经济原因,决定放弃雷曼兄弟公司(Williams 2010)。多年来救助够多了,终于到了设置底线的时候。而这一次，不计后果放贷将无法收回。如果企业不承受道德风险，如果企业在错误的经济判断之后没有受到经济惩罚，那么资本主义作为一种经济结构就难以为继。然而，继周一媒体报道雷曼兄弟破产后，一切都变了。小事变成了大事，机构内部监管已不再奏效。符码业已转向：实际上在大衰退的实质后果显现前几个月，金融危机的社会化就开始了。[1]

过去，人们认为放松管制及其引发的紧张关系（Mann 2013：322－60）虽然有风险，但经济成效显而易见，而如今，人们更多地看到的它的消极影响——对公民领域的严重危害。这已不再是经济理性问题，而是关于道德狂妄和情感屈辱的问题；一场道德剧粉墨登场。《纽约时报》（*NYT* 9/15/08b）在其标题醒目、多栏加粗的头版头条新闻中，称这一突发事件已经让"曾经不可一世的金融机构……跪倒在地"。当下，决定成败的是道德审判，而不是技术管理：《纽约时报》（9/19/08）作出不详的预示——"审判日"日益临近，奥巴马总统宣布"清算日已经到来"（*WSJ* 2/25/09；还可参见 *USA Today* 2/25/09）。

媒体报道了对未来社会本身的普遍焦虑，除了华尔街危机，还

① 我在这里的论点不是说实质性后果无关紧要——就像前面的讨论表明恋童癖本身并不是造成心理伤害的身体侵犯一样。相反，依据社会化模型，公众对金融危机讨论的性质和途径不是由经济要务本身决定的，而是由公民领域的话语和公民机构决定的，因为后者塑造了人们对经济事件及其影响的看法。马克斯·韦伯说，"直接支配人的行为的不是思想，而是物质和理想利益"；但是，他也坚持认为，"然而，由'观念'创造的'世界形象'经常像扳道工一样，决定了利益结构驱动下的行动轨迹"（Weber 1958b［1946］：280）。公民社会的话语——理念——创造了公民领域的形象，并为社会危机的社会化奠定了轨迹。触发社会化的符号代码转向就像这些轨道上的扳道工，推动机构精英们以独特的方式界定和竞争他们的物质和理想利益。

有一种危机正“渗透进美国人的日常生活中,催生困惑和焦虑,导致恬淡寡欲和黑色幽默”(*WSJ* 9/19/08)。《纽约时报》报道了人们对“经济急剧衰退”的“恐惧”,预言“一个时代的终结”(9/15/08b)。人们不得不重新思考根本性问题,即各领域间的界限——“政府与经济的关系”——已彻底改变(*WSJ* 9/24/08)。美国政府“有战时的感觉”(*NYT* 9/19/08);而导致“经济混乱”的敌人包括市场的不稳定性、“五花八门的证券”和“高风险的抵押贷款”(*USA Today* 10/1/08)。

现在看来,经济领域的精英们未能在内部控制这种危险。一时间,社会充斥着世界末日般的焦虑和道德审判。在此背景下,美国政府开始注入大规模货币支持,以维持主要金融机构的稳定。市场管理者及其意识形态和政治支持者都认为,这种跨界干涉只是暂时的。乔治·W. 布什总统以纯经济的口吻明确表达了这样一种信念:“美国人民可以放心,我们将继续采取行动,强化和稳定我们的金融市场,提高投资者信心”(*NYT* 9/18/08)。一旦实施大规模的金融救助,经济管理者就可以重新开动马力,与危机相关的问题将在内部得到解决,稳定状态很快就会恢复。一位国际货币基金组织的前首席经济学家向美国国会保证,“政府无意经营”任何业务。“这不是法国,目前的形势只是暂时的”(*USA Today* 9/19/08)。另一种情况是难以想象的:公民领域的政治代表们不仅会掀开引擎盖,更换机油,还会搅乱这台经济机器。

要想迅速恢复领域内控制,就意味着:经济机器中并没有什么重要的因素从根本上是反公民的。雷曼兄弟总裁理查德·富尔德(Richard Fuld)向国会法庭保证,他的行动“审慎且恰当”——尽管后来他们造成了经济灾难（*NYT* 10/6/08）。美联储前主席艾伦·格林斯潘承认“判断失误”，但立即否认有“渎职”的可能。这位美国去管制时代的英雄解释，这场危机之所以发生，是由于“我们的模式有缺陷”（同上）。

这一缺陷造成了投资者和客户之间不正常的“利益错位”，前者可以从高风险贷款中获利，而后者则蒙受损失（同上）。格林斯潘承认，结构调整可能是必要的，但利益错位很快就能纠正，这台经济机器也很容易修复。当民主党人向布什政府的财政部申请救助资金以帮助 450 万失去家园的房产主时，财政部部长汉克·保尔森（Hank Paulson）则拒绝承认对公民领域的这项义务。这位高盛集团前总裁坚称，政府资助的目的不是为了援助大众，而是提供货币以修复市场：“我们积极参与开发额外项目，以加强我们的金融体系，这样才能确保经济领域中的贷款流动”（*NYT* 12/2/08a）。

但是符码转向引发了人们的愤怒。人们突然意识到，基本的公民价值观正受到威胁，这使得经济紧张关系的处理难以再回归到机构内部。用公民符号对金融操作加以犀利的审视，人们现在看到了黑暗、危险和极度腐败，公众的解读毅然决然地朝着更加敌对的方向发展。《纽约时报》（1/22/09）抨击道，这不仅仅是“犯了错误”，所暴露出来的是“严重的金融渎职”及“摧毁整个行业的无能”，其“罪责”“分布之广，影响之深远”，令人咂舌。《滚石》（7/9/09）将金融业描述为“披着人皮的吸血乌贼”。

经济行为的领导者们遭受了来自非经济领域的猛烈抨击。他们被指责未能维护人性；未能遵循致力于团结的公民准则。其中有两种推定的反公民品质看似尤为令人恼火。一种是享乐主义。

人们指控市场交易人唯利是图、贪得无厌,且"破坏经济",他们"贪图暴利"且无法自控(*USA Today*9/15/09)。全国各大报纸刊登文章,要求富人们放弃整形手术、鱼子酱和游艇(*WSJ* 9/20/08)。

据称,"最强大的腰缠万贯的利益团体",在一场"大规模的道德沦陷"中,"操纵了全球金融体系,使基金经理、银行和少数机构投资者从大规模、高风险却缺乏金融逻辑的投资计划中获利"(*USA Today* 9/24/08)。这种不受管制的经济被比作"一场回报惊人却有无法预测结果的巨型赌博"(*NYT* 12/16/08)。华尔街被戏称拥有"拉斯维加斯式做派"(*USA Today* 9/15/09)。这一切就是一场"豪赌和狂欢",一种"未知奖励带来的刺激",就像"性和毒品"麻醉人的心灵(*NYT* 12/16/08)。

傲慢是公众抨击的另一种反公民品质。那些处于经济金字塔顶端的人不断自我膨胀,自鸣得意,认为自己"强大到不会失败"(Sorkin 2009)。正是这种狂妄自大导致了他们的惨败(Paeth 2012:398,494)。一位金融奇才在悔悟后公开承认:"我曾经以为自己能主宰世界,但这一切将我打下神坛"(*NYT* 12/16/08)。傲慢和贪婪这两种反公民品质密不可分。《纽约时报》在报道麦肯锡前总裁、高盛董事拉吉特·古普塔(Rajat Gupta)被定罪一案时,采访了一名在曼哈顿担任青年维权律师的陪审员。她解释说,古普塔的问题出在"贪婪"(*NYT* 6/15/12)上。

成千上万篇文章、博客和电视报道猛烈抨击了经济管理者们,他们的享乐主义和傲慢被暴露无遗。而华尔街投资公司似乎还没有放弃巨额奖金分配计划,这让公众的怒火更加一发不可收拾。从2008年美国总统胜选到总统就职典礼的几个星期里,奥巴马党得有必要给这种奖金贴上“可耻的”标签，要求高管们“克制”，并宣称“华尔街的人还没看清形势”(*USA* 12/14/09)。而其他所有人，看起来都达成一致意见(*USA Today* 6/11/09；*Financial Times* 11/30/09)：曾经操控华尔街的高高在上的、无所不能的金融大鳄们如今已不能胜任其职。

这一符码转向为公民领域采取高压式干预奠定了基础。如果说银行家从前好似真的生活在一个平行宇宙里，那么他们的世界将不得不被强制重建：“银行业的‘童话’已经结束”(*WSJ* 1C/10/08)。商业和民主不再分离。只能有一个社会宇宙；社会正义和金融产业必须以某种方式融合。

实质性监管

2008 年初，奥巴马总统签署了一项近万亿美元的公共投资法案，重要一部分原因是为了确保市场流动和银行运转。这只能算是公民干预，还不是公民改革。然而，没过多久，国会就举行了公开听证会。这些听证会所传递的寓意远大于其形式：公民谴责仪式开始启动。腰缠万贯的、曾在华尔街叱咤风云的高管们被传唤，面对愤怒的公民领域的政治代表，他们卑躬屈膝地向公众认错，承诺将改变自己的行事方式。许多高管承认自己的角色与经济崩溃脱不了干系，承认加强公众监督的必要性(*WSJ* 10/24/08)。

国会对艾伦・格林斯潘等官员严厉问询，这与他在经济繁荣期被高度赞誉形成鲜明反差。在金融危机的前几年，他担任美联储主席，负责协调经济领域和公民领域之间的监管边界。现在他承认,曾允许经济领域主导公民领域。“美国的监管体系必须改变”,格林斯潘断言,“人们往往害怕他们不理解的东西,害怕被隐藏的东西,而市场很大一部分完全不为公众投资者所知。我们必须知道衍生品市场在做什么,谁拥有什么职位,对冲基金在做什么”(*USA* 10/1/08)。秘密要少一点,透明要多一点,人们有知情权,这意味着公民领域各种价值要更深入地渗透到经济领域。

与教会恋童癖事件的社会化进程一样,从起初的媒体义愤,到更有组织的监管,这一过程呈现两种路径。首先,也是更为直接的路径,媒体的谴责被转化为有形的干预和实质制裁。大陪审团被启动,高调的“内幕交易者”被起诉。从 2009 年到 2012 年夏天,66 名华尔街交易者和企业高管被美国曼哈顿检察官员指控犯罪(*NYT* 6/15/12),而且检察官在每一个进入庭审的案件中都获得胜诉(*NYT* 12/31/12)。

这波刑事诉讼的浪潮让人欣喜地、明显地感受到公民领域对经济领域的干涉,《纽约时报》称:“政府已渗入到华尔街最自负的对冲基金,并进入美国最负盛名的企业董事会”(*NYT* 6/15/12)。该报认为这些诉讼通过向市场注入公民价值观来恢复这两种领域间的平衡:“政府希望保护投资者,传递出的信息是:股市是公平的竞技场,而不是让华尔街专家受益并操控的游戏”(同上)。

对符码转向的第二种反应更多体现在组织层面:旨在重构的公民修复。虽然协调公民领域和金融市场之间的监管机构(参见 Lee 2018, Olave 2018)早已存在,至少可以追溯到罗斯福新政时期,但是在放松监管的几十年里,这些机构的经济决策更多受市场原则影响,而忽视了来自公民领域的考量。公民修复的重点是加强公民层面的职权；让那些具有经济权力的人肩负起更多责任，肩负起对公民领域成员的更多责任，而不仅仅负责本企业的功能需求。当奥巴马总统于2009年6月提出改革方案时，他宣称“美国人民让我去华盛顿，是为了维护人民利益的”，而不是为了维护经济领域的精英们的利益。为实现这一目的，必须重新匹配职权和义务，因为“从华尔街到华盛顿再到普通大众，不负责任的态度宛如流行病，非常猖獗”，“其后果是灾难性的”(*NYT* 6/20/09)。正如《纽约时报》(同上)所解释的那样：“奥巴马政府官员认为，过去的银行监管，确保机构稳健运行与保护消费者之间存在固有的利益冲突。”新的立法将向公众曝光肮脏的反公民决策，让其无处藏身，赋予政府“各种工具来监察一直以来游离于政府管辖之外的影子金融体系”。强有力的干预是让政府职能发挥公民监管作用的关键，赋予“美联储对大型金融机构的巨大监管权……并扩大联邦储蓄保险公司职权，让其可以查封和终结有问题的相关部门”(同上)。在宏观调控层面重新赋能给政府部门，这同样有利于企业责任的平衡，从单一的功能责任转向肩负更多的公民职责。2010年末，《纽约时报》用醒目的大字标题刊登了一位经济专栏作家写给证券交易委员会主席玛丽·夏皮罗(Mary Schapiro)的公开信：“尊敬的证券交易委员会主席，请让经纪人对客户负责。”该专栏暗示新的监管规则“将要求股票经纪人和保险经纪人把客户利益置于自身利益之上”(*NYT* 11/19/10)。

在长达数年的重构斗争中，国会重新划定了机构间的界限，促使经济利益和公民利益更趋于平衡。政府大幅提高了银行的资本金要求，并实施了“压力测试”(stress tests)，要求银行向外部监管机构证明自己的抗压能力。《格拉斯-斯蒂格尔法案》虽没有恢复，但立法通过了《多德-弗兰克华尔街改革和消费者保护法案》。这些监管条例长达15000多页，深入到金融体系的方方面面，对对冲基金、海外投资、贷款操作、衍生品、信贷互换等各方面都作了详细的规定。经过数月的争论，《多德-弗兰克法案》还出台了限制银行自营交易的“沃尔克规则”，并成立了一个庞大的新的国家机构——消费者金融保护局，通过法律授权保护普通民众免受肆意妄为的市场专业人士的欺骗。这次对经济领域的公民修复，其规模之大，自大萧条以来前所未有。

正如我们在下一节将看到的，在规则制定的每一环节，金融精英们都在反抗，竭尽所能阻止《多德-弗兰克法案》和“沃尔克规则”的实施，并声称这种公民干预将造成无法弥补的经济损失。然而，与此同时，金融精英们也在机构的内部组织中发起了根本性变革，这一过程显示了一种多方协同努力，即通过创建更多趋于公民价值导向的职位来实现公民修复的内在化(见 Chandler 1977)和制度化。最明显、影响最深远的转变是“合规”(compliance)的大规模扩张。从长远来看，如果完全依靠外力来强制实施，公民修复不可能成功；以公民价值为导向的符号和程序转变最终不仅来自外部，还来自内部(见 Bruyn 2000)。合规是落实(implementation)的另一面。“明年只有一个词：落实”，一个新的监管机构——美国商品期货交易委员会的主席加里·詹斯勒对《纽约时报》(12/11/12)如是说：

华尔街在花了三年时间、数亿美元来抨击一大堆新规之

> 后，正勉为其难地准备迎接联邦政府的新监管时期，尽管监管将变得更加琐碎。监管机构正……让律师和合规官员来带领银行度过新时期。专家正在草拟培训手册、制定交互式程序来指导培训人员，敦促监管机构阐明新规则的细节……知名投资银行 KBW(Keefe, Bruyette& Woods)的华盛顿研究主管布赖恩·加德纳(Brian Gardner)称，“银行说，‘我们虽然不喜欢这些规则，但只要告诉我们这些规则是什么，我们就会弄清楚’”，分析师们表示，这一弄清楚的探索阶段将决定华尔街来年的监管议程。摩根士丹利等银行一直在增加合规官员，[并]每月与客户召开两次电话会议，阐述合规要求的范围。高盛和其他投行一样，也在测试自己的计算机系统来跟踪衍生品的交易。

一年后，在雷曼兄弟倒闭 5 周年之际，《纽约时报》的“白领观察”栏目发表了一篇题为“企业更乐于遵守合规”的文章。文章说，“为了应对更严格的公众监督”，华尔街的主要企业正“投入过去无法比拟的资金和资源，确保在一系列监管要求上合规”；事实上，“这几乎成了企业之间的军备竞赛，以此强调他们在法律上的合规程度”(*NYT* 9/17/13)。华尔街最大的投资公司摩根大通宣布，将斥资 40 亿美元，向合规部门派驻 5000 名员工，加强这些新职员的自主权，以确保企业遵守新法规的大量条款(同上)。《纽约时报》解释说，诸如此类监管的内部化，看起来令人不解，因为它在短期内没有促进盈利；然而，从长远来看，它能有效防止来自外部公民领域的威胁。

> 在合规上花的钱,从短期来看,不会产生未来收益,也不会直接提高企业的盈利能力。不过,就像注射流感疫苗一样,企业在守法和培训员工**如何妥善行事**方面投入的资金可能会带来好处:如,企业不必为未来的某个调查付出代价,也无须支付因违规而遭受的政府罚款。(出处同上,黑体字强调为后加)

如果他们在身体安健的时候拒绝花钱接种流感疫苗,那么企业可能会患病,到时候损失更大。正是为了实现机构内价值和利益,金融机构才赋权给合规专员,并对其进行重组。非公民机构的自我修复不需要满怀真诚、充满理想:它只需要遵从公民领域所宣称的正确理念即可。

金融企业为了确保顺利合规,他们拿出了诱人的巨额薪酬摆在有权势的政府监管者面前,希望曾经的机构敌人如今能为己所用。国会将《多德-弗兰克法案》送交奥巴马总统签署后不到一周,《纽约时报》"商业并购"(Dealbook)专栏中标题为"前金融监管者转向游说机构"的报道称"自去年以来注册的近150名游说者曾在金融机构的行政部门工作"(*NYT* 7/27/10)。从那天起,商业版面上就充斥着关于政府监管专家改行的报道。三年后,《纽约时报》题为"前监管者投身一家大企业"的报道称,海岬金融集团(Promontory Financial Group)"招揽了大量前官僚和政界人士,因此被称为华尔街的影子监管者"——"该集团约170名高管中,有近三分之二曾在金融监管机构工作过"。

这些新的合规官员传递的信息是,华尔街的公司应减少从事

不太稳定的金融投机活动。在题为“华尔街身处交易部门关闭的窘境”(*NYT* 8/5/10)的文章中,商业记者报道称:

> 他们是高盛精英中的精英,是令人艳羡的华尔街天之骄子。但迫于来自华盛顿的命令,高盛正考虑采取一项曾经不可想象的举措:解散市场奇才团队,尽管该团队是交易业务盈利的核心。根据新的多德-弗兰克金融监管规定,高盛必须拆分其主要战略团队,该团队是一个非常成功的交易部门,已为银行获利提供了强大动力支持。在整个华尔街,其他金融巨头也在着手各项精细任务的合规,遵从交易和投资的各项新规。摩根士丹利正在考虑放弃对旗下70亿美元对冲基金公司的控制权,花旗集团的高管们已经出售了对冲基金和私募股权业务……摩根大通已经开始拆除其独立的自营交易部门。

巴尼·弗兰克(Barney Frank)在其同名法案通过一周年之际,接受了《纽约时报》记者的采访,他说,“我认为我们现在的结构很稳固,这将降低因金融机构的不负责任而导致另一次经济崩溃的概率”(*NYT* 7/20/11)。记者报道称,“弗兰克说,华尔街已经逐渐适应了新现实,”也就是说,“大多数银行已经按要求剥离了他们的自营交易部门,许多银行正在彻底改革其衍生品业务”(出处同上)。《纽约客》(5/16/16)称华尔街进入“新常态”,银行业不再是美国经济的中心。在危机发生之前,金融公司的利润占美国企业利润的近30%;截至2016年,这一数字已降至17%。摩根士丹利发布的2014年第一季度业绩更是令人印象深刻,当时,一位著名的市场分析师评论说,该公司“很早就着手规划后危机时代的商业模式”(*NYT* 4/17/14)。

反　击

在这里,领域间的边界移位也会促发反作用力。对活力充沛、充满理想的改革者来说,公民修复值得赞颂,可是对于经济领域的机构内部精英们来说,公民修复是邪恶的破坏性入侵。面对公民干预的各种努力,经济领域的所有者和经理们大力反击,表现得义愤填膺。在《纽约时报》一篇题为“权力的展示”的报道中,摩根大通首席执行官杰米·戴蒙(Jamie Dimon)猛烈抨击了“一棍子打死”的做法和“不加区分的诋毁”(*NYT* 7/14/10)。对于金融精英们来说,他们所面临的与其说是改革,不如说是“革命”(YouTube 2/19/09),与其说是“修复”,不如说是“摧毁整个系统”(*NYT* 6/17/09)。

经济领域的精英们不得不面对媒体的肆意谴责、大规模的改革监管、法律诉讼、警方调查和监禁,他们努力捍卫自己的个人诚信和职业操守,要求迅速恢复自我监管。他们发出警告,政府的监督和控制虽然表面上保护公民利益,但实际上会造成“道德风险”,包庇经济行为人不用承担市场错误决策造成的后果。①

① 此类道德风险带来的危害,是本书导言中引用的德国经济学家汉斯-沃纳·辛恩的卡桑德拉(Cassandra,古希腊故事中预言灾祸却无人听信的预言家)式警告的隐含观点。而其他类似的反击论调,可参见美国全国广播公司财经频道(CNBC)里克·桑特利引发争议的评论——打赏“失败者”将会使政府“激励恶行”(Paeth 2012:400 及下文),也可参见经济学家莱因哈特(Reinhart 2011)和柯克兰德(Kirkland 2007)的辩护书(apologetics)。

还有许多人辩称,政府早期监管的残留影响实际上是造成金融危机的元凶,而不能归咎于近期的去管制经济政策(American Enterprise Institute 2011)。2009 年末,鉴于该年度充斥着要求关注更广泛的社会问题的呼吁,《金融时报》(12/24/09)授予高盛董事长劳尔德·贝兰克梵(Lloyd Blankfein)"年度人物"称号,称赞他坚守市场理性和合理利润:"高盛坚守其优势,安于低利率而不感到窘迫,不盲目追逐高额交易利润,从而减少了这一危机导致的竞争。"

在总统宣誓就职一个月后,奥巴马政府宣布了一项住房救助计划,表明政府有意巩固社会团结,旨在帮助房主对抵押贷款再融资,避免其丧失抵押品赎回权。美国全国广播公司财经频道(CNBC)的主持人里克·桑特利(Rick Santelli),在芝加哥期货交易所对此新闻回应时,现场咆哮,这一电视画面"很快被各大网站链接并嵌入其中",从而掀起了第一波反击浪潮,后来更是引发了"茶党"(Tea Party)运动(*NYT* 2/20/09)。画面中,桑特利气得面色发青,他警告说,把公民价值渗透进经济生活中只会破坏市场。这是选择立场和站位的时候,而不是融合的好时机。他还建议,以更广泛的社会团结的名义来监管各负盈亏的经济领域,将是一个可怕的错误。

> 这是美国!你们当中有多少人愿意为邻居的抵押贷款买单,他们购置了多余的浴室,却付不起账单!政府这是在鼓励恶行,补助那些失败者的抵押贷款,补助那些投机者,而不是那些需求者。(YouTube 2/19/09)

经济领域的精英们辩称,金融改革根本不是民主,而是反个人、反自由行为,让政府集中了过多的强制权力。美国银行家协会会长在抗议建立金融消费者保护局时说,“银行对这个[新]机构的规模感到震惊”,并暗示“目前的监管者好像认为自己[已经]拥有的权力还远远不够”(*NYT* 6/17/09)。反击运动的领袖们坚称,加强金融监管不会深化政府的民主义务,只会增加官僚主义、扩大政治权力;国家表面上以人民的名义监管市场,实质上是在“攫取权力”(竞争企业协会 Competitive Enterprise Institute [CEI] 6/21/2012)。“《多德-弗兰克法案》将政府三大分支的权力集中于一个未经选举、不受监督且不承担责任的官僚机构,”布什政府前法律顾问博伊登·格雷(C. Boyden Gray)作为竞争企业协会(CEI)的诉讼代理向美国华盛顿特区地方法院呈交简要报告时如是说(CEI 6/21/2012)。竞争企业协会的总理事会称《多德-弗兰克法案》是一场“海啸”,“一切都笼罩在破坏力巨大的海啸中,简直不可思议”(同上)。另一位协会的律师解释说,金融消费者保护局的局长从不代表人民,他就“像沙皇,对任何人都不负责”(同上)。

《纽约杂志》(5/22/10)以“奥巴马来自火星,华尔街来自金星”为标题,详述了金融精英眼中这位美国总统的改革派形象:“再分配主义者”“诽谤者”“反财富”“反资本主义”和“暴徒”。《多德-弗兰克法案》成为法律后,《沃尔克规则》提议禁止银行动用储户资金,《纽约时报》(2/13/12)报道称,“利润——以及这个行业的未来模式——岌岌可危”,金融精英们正在发起“迄今为止最广泛的抨击”,指责改革者不仅破坏了市场自治,而且破坏了资本主义本身。两天后,一家大型银行的首席执行官怒气冲冲在沙地上划了一道线:"好吧,你先打我们的脸,现在再踢我们裤裆。够了! 我是说,我们完了"(*New York Magazine* 5/22/10)。第二年,《纽约时报》经济栏目记者在一篇题为"试图刺破华尔街迷雾"的文章中报道了公民价值观和市场利润之间的战争:"毫无疑问,银行不希望中国商品交易所提高市场的流动性和透明度……这是银行的摇钱树,所以银行不想放弃"(*NYT* 7/20/13)。

回归稳定状态

在《多德-弗兰克法案》成为法律后的几年里,监管机构、员工、政客和说客都陷入制定规则的泥淖,左右两派持续鏖战,寸步不让。右翼试图阻止和废除法规(见本章的"反击"一节),而左翼则努力增强法规的强制性(如 *NYT* 10/23/10,5/1/11,2/3/12,4/9/13b)。两派都扮演着"克吕泰涅斯特拉"(Clytemnestra)这一角色,并警告说,如果他们的呼吁被忽视,金融体系将岌岌可危。可他们错了。尽管这一历史时刻左翼和右翼针锋相对,金融体系还是保住了。社会化完成。一切重归稳定状态。

虽然移动了球门柱,但球赛仍在进行。虽然经济领域与公民领域的界限发生了位移,但仍有一条界线,一边是公民领域,一边是市场逻辑。如果监管条例是参数,那么投机、计划、冒险和狡猾就是求解经济成功这一方程式中的变量。紧张关系继续困扰着金融领域,但是对不良贷款、盲目贪婪、诡秘行事、暗箱操纵和投机泡沫等现象发出了"危险信号"的警告(*NYT* 7/14/10)。华尔街与公民领域之间的关系仍是"相互猜疑",偶尔"对抗挑衅"(*NYT* 3/20/

15),但金融机构再一次被视为“非”公民机构,而不是“反”公民机构。

无休止的意识形态之争却意想不到地凸显了回归稳定状态的重要性。资本主义民主国家的党派政治在很大程度上围绕着公民领域和经济领域之间的界限展开。唐纳德·特朗普当选美国最高行政长官后,再加上共和党对国会的控制,给了保守派一个机会,这个机会不是推翻新的调解机构,而是雇佣自己的人员。在特朗普的任命听证会上,这位共和党候选人,也将是美国规模最大的一批银行的继任监管者,告诉参议员,他支持放松对银行的年度压力测试,并同意较小的银行免受部分监管。但他也迫不得已宣布“自金融危机以来实施的监管政策改善了金融体系的安全和稳定”,并谨慎补充道,“如同任何复杂的事业一样,经过第一波改革,我们从中吸取了经验和反思,适度微调无疑是必要的”(*NYT* 10/5/17)。

第六章　电话窃听危机

稳定状态

如果紧张关系不是来自公民领域之外的机构，而是来自其内部机构，稳定状态就更难维持了。英国首席大法官布赖恩·莱韦森(Brian Leveson)在下令针对英国电话窃听案进行国会外调查的第一天，就问道“谁来监管监督者?”新闻是公民领域内的一个重要传媒机构。新闻用符号构建社会现实，通过基于事实的实证描述来为公民领域的适切性提供判断(Alexander 1981; Alexander, Breese, and Luengo 2016; Schudson 1978, 2003)。这种明显的实证性描述既可以支持也可以破坏机构内对紧张关系反应的合法性。那么，如果对公民判断进行传播的机构本身遭受诟病，它又怎能激发民众对某行为的道德愤慨呢? 如果公民惩处的执行者——警察，与那些以反公民方式来处理紧张关系的传媒精英沆瀣一气，那么法律制裁将如何实施?

新闻业内部的腐败从来都有。新闻媒体要得以生存,必须依靠新闻业外部资助,而且新闻生产环节中所得到的每一笔津贴——无论来自市场销售、企业或家族所有者,或来自政府,都会对媒体产生压力,这些压力可能会损害媒体的公民独立性。那些新闻业资助者,无论是公共组织还是私有者,原则上都有可能实施反公民控制。就新闻工作者而言,他们组织了自我监管的行业协会。只有当他们不囿于外部压力胁迫而获得自主权时,他们才有可能遵循公民领域精神对事件进行批判性报道,这样才有可能成为卓越的职业新闻人。(Alexander 1981; Alexander, Breeseand Luengo 2016; Breese 2011; Hallin and Mancini 2004; Schudson 1978, 2003)

如果反公民紧张关系来自公民领域内部,如:一方指责另一方危害神圣的民主思想,一家传播媒体曝光另一家媒体贪污腐败,某警察部门指责另一部门滥用职权,机构某位公职人员谴责另一位公职人员尸位素餐,那么,要修复这些紧张关系,公民领域不得不分裂。在英国,传媒机构中的这种分裂由来已久,小报和大报之间斗争的激烈程度,有时不是你死就是我活。英国小报和大报之间的分歧在于要在多大程度上交织事实和虚构,或是否应该交织。当然,大报媒体的意识形态倾向是显而易见的,如《卫报》(*The Guardian*),属于一家苏格兰家族信托机构所有,就是左倾;而《泰晤士报》(*The Times of London*),由鲁伯特·默多克(Rupert Murdoch)的新闻国际集团(News International)掌管,则是右倾。尽管如此,大报的新闻报道仍渴望能在相对复杂的框架内求得平衡，遵循职业新闻准则(*Guardian* 11/2/11)。相比之下，在英国极具影响力的小报媒体在新闻报道中虽有事实陈述，但同样充斥着虚构和重构。英国的小报新闻违背了透明、消息来源真实可靠和平衡等职业准则和公民准则，充斥着不实信息、片面引用及夸大其词，时常还有荒诞的爆料(*NYT* 3/16/89；*NYT* 7/21/11)。小报新闻情感夸张，情节简单，叙事性强(*New Yorker* 4/2/12)。大报新闻报道有关公众利益的事件；而小报致力于人情味十足的故事(*Guardian* 11/2/11)。

几十年来，出生于澳大利亚的默多克拥有英国两家最赚钱、最具影响力的小报——《世界新闻报》(*News of the World*)和《太阳报》(*The Sun*)，这两家报纸的日销量合计超过500万份。除此之外，默多克家族还拥有《泰晤士报》，这使得默多克报业占了英国近40%的市场(Guardian 6/12/12)。保守派出版商因此获得了巨大的经济利益和潜在的公民权力。

2005年，据公开发表的可靠调查表明，默多克旗下小报在其新闻报道中存在反公民操作。《卫报》带领其他英国新闻媒体披露：默多克旗下的记者们经常入侵名人和王室成员的私人手机，搜集桃色花边新闻，然后在家族小报的头版大肆曝光(*NYT* 9/5/10)。这种对公民私生活权益的侵犯可以被解释为不仅破坏维持多元主义的制度边界，还威胁到当今民主所倚仗的个人自治。

但是，反观2005年英国真实的公民社会，这些曝光对于国家的稳定影响微乎其微。事实是，黑客行为被视为领域内部操作。雇用律师助理挖掘新闻猛料，这种方式虽然令人震惊，但是在英国新闻界早已司空见惯。几十年来，派间谍、行贿赂、设陷阱这等不入流的手段已经是业内公开的秘密,非法入侵信息系统被普遍认为只是一种技术升级。更何况,电话窃听的指控者来自行业内部,而非公民立场,因此起诉被驳回;毕竟,众所周知,大报和小报之间的斗争由来已久(*NYT* 3/16/89)。因此,《卫报》对默多克旗下小报违规行为的披露被视为左翼和右翼无休止的党派之争的惯常操作。最终,鉴于窃听事件的受害者是皇室成员和上层名流,这些受害者被界定为傲慢的英国上层精英,而非普通公民。

由于保守党议员和行动更为隐秘的苏格兰场——伦敦都市警部的共同努力,人们对 2005 年窃听丑闻的反应就如同《渐行渐稳》("Steady as she goes")的歌名一样未掀起波澜。经过形式上的草草敷衍调查后,最终只有《世界新闻报》的一名记者和该报雇佣的一名私家侦探因电话窃听而被判入狱,此外,还有一个议会委员会举行了听证会(*Guardian* 2/3/07;*WSJ* 7/20/11,7/25/12)。小报老板们和警察局长都向英国平民保证,新闻业没有系统性问题,只有几个害群之马而已。因为没有看到更大范围内的系统性风险,媒体的自我管控得以维系。

而行业内自我管控的后果是,虽然电话窃听被认为广泛存在、有伤社会风尚,但在很大程度上仍未被广大英国民众关注。尽管人们不断努力,要让电话窃听接受民主监管,但目前这种稳定状态仍未被打破。2009 年 7 月 9 日,《卫报》开展了另一轮新闻报道,质疑默多克报业旗下记者的公民道德,并首次公然对英国警察的职业水准表示怀疑(*Guardian* 7/9/09)。然而,与以往一样,这些指控遭到了来自英国新闻界和监管机构权威人士的强烈反驳。

2010 年 7 月 9 日下午,负责调查先前案件并草草结案的伦敦都市警部官员针对媒体的评论称："我不认为本案的处理有任何**不当之处**"(statement by Keir Starmer in House of Commons 2010：Ev 455，黑体字强调为后加)。此外，默多克的《泰晤士报》向伦敦都市警部的前总监提供相关调查资料，总监向英国公众保证，《卫报》的指控纯属子虚乌有，最初的调查"毫无漏洞"(House of Commons 2010：8.108)。同样，作为沟通调解的半官方国家机构，新闻投诉委员会(PCC)也声称"没有发现新的证据表明电话窃听广泛存在"，并痛斥《卫报》的猜测，称"新闻投诉委员会只处理事实"(House of Commons 2010：8.206)。其言下之意是，举报信息没有被证实违反公民准则，而反公民的恰恰是举报者本人。新闻投诉委员会把《卫报》的报道描述成意识形态攻击，而不是实质上的新闻，这一波大胆操作取得很大成功。电话窃听仍被当作领域内紧张关系，仍由机构内部处理。虽然伦敦都市警部早就知道，遭到窃听的是数千名普通英国公民的电话，而不仅仅是少数皇室成员和名人的电话(*NYT*，9/5/10，Magazine)，但警方领导与保守派媒体精英密切配合，掩人耳目，成功避免了这一事件在公众中引起轩然大波。

如此一来，稳定状态得以延续。

符码转向

一直到2010年底前，小报记者对普通公民的电话窃听都没有引起骚动。窃听为小报老板赢得了丰厚利润，不仅大多数媒体将其视为常规操作，甚至连英国其他精英(包括警察、政界和商界)也是见怪不怪。只要稳定状态如故,电话窃听就能在机构内部继续操作,将公众蒙在鼓里。电话窃听和公民领域之间的界限似乎坚不可摧。英国媒体通常不会发动符码转向;即使有所尝试,结果也发现无法说服英国公众接受他们的批判性解读。

电话窃听在国内久未掀起波澜,真正触发其社会化的是来自英国之外的系列媒体报道。2010 年 9 月,距《卫报》发起的第二轮猛烈攻击已有一年多,《纽约时报》伦敦分社的记者们再度发布了一份翔实的、消息严谨可靠的调查,不仅披露小报在大范围内窃听,还曝光英国监管机构内部有严重腐败现象(*NYT* 9/5/10)。《纽约时报》的爆料仍建立在《卫报》早期报道的基础上;但这篇新闻报道让人们深刻认识到,窃听的范围之广、导致的危害之大令人咂舌。《纽约时报》记者们用事实表明,窃听远非异常行为,对有影响力的媒体精英们来说,它是一种常态,只是被英国警方掩盖而已。

而《纽约时报》作为实力雄厚的美国报纸,完全不理会英国报业的意识形态之争,也不在意使制度边界得到不断强化的政治诱惑和威胁,这为英国新闻界业内人士提供了一个更安全的避风港,可以大胆揭露媒体窃听和警察腐败等隐藏已久的秘密。相对于政治立场明确的英国大报,《纽约时报》对丑闻的揭露更真实,更能再现社会现实,更容易被视为不带偏见的客观独立的事实,有效提供公民判断。《纽约时报》的报道虽然只是在陈述事实,但暴露出英国媒体将电话窃听作为惯常操作,具有极其反公民的性质。调查揭示了《世界新闻报》记者“疯狂又可耻的作风”,他们“公开实施监听等不当手段”(同上)。《纽约时报》称,《世界新闻报》副主编安德鲁·库尔森(Andrew Coulson)推行了“不惜代价、不择手段的思维模式”,这一模式弱化了职责,培养了一种自私的“超级竞争精神”,这种精神压倒了更强调基于团队合作而进行自我监管的公民精神(同上)。《纽约时报》披露的最具爆炸性的新闻是,伦敦都市警部当局对私人律师和国家检察官隐瞒了关键信息,伦敦都市警部的高级调查人员因与《世界新闻报》编辑“关系亲密”而徇私舞弊(*NYT* 9/5/10)。

据《纽约时报》报道,不仅是传媒机构,英国公民领域的许多监管机构的运作方式也未能实现独立性、批判性和民主性。这已经不再是简单的“记者道德败坏”事件,更涉及“警察渎职”(*USA Today* 7/22/11)。

为了继续维持稳定状态,《世界新闻报》的编辑采取了与早期行动一样的应对措施,立即对《纽约时报》的报道进行反击。他们指出《纽约时报》的报道并非出于对公民领域的担忧,而是出于“对新闻媒体对手的打压”(*NYT* 9/5/10);他们还指出默多克旗下的《华尔街日报》就是《纽约时报》在美的竞争对手。然而,这一次,机构内部对道德普遍主义的攻击失败了。虽然《纽约时报》对英国公民领域的干预并没有掀起轩然大波,电话窃听没有变成大事件,也没有激起民众情感和道德上的强烈愤慨,但的确提供了一系列新“事实”和新解读:新“事实”挑战了精英内部的争论,而新解读有望打破反公民管控。

面对《纽约时报》更为义正词严的指控——行为不端、道德沦陷,伦敦都市警部迫于压力只好重启原本已经盖棺定论的调查。警部高级警官曾轻描淡写地否认了《卫报》的前期相关报道,但此时不得不承认,“重审此案是明智之举,尤其考虑到皇家检察署(CPS)可能要针对《纽约时报》的指控向伦敦都市警部提供建议”(Leveson Report 2012: 9. 13; Ward 2014)。这意味着“《纽约时报》报道中提到的新证人,我们会去走访”(Leveson Report 2012: 9. 13; Ward 2014)。伦敦都市警部发动了“除草行动”(Operation Weeting),开始广泛联系受害者。① 私人律师备受鼓舞,着手寻找有可能发起窃听诉讼的客户。但是,警方的任何持续调查都取决于能否调动广大的英国民众,并激起他们的愤慨。而这反过来,要取决于国内批判性新闻是否最终能大行其道。②

2011 年 7 月 4 日,时值《卫报》发起的第二轮调查报道相隔两年,与《纽约时报》的外部干预相距九个月,一篇爆炸性的报道将窃听事件从领域内事件推到了引发社会危机的风口浪尖。《卫报》的头版头条刊登了一张一位面带微笑的红发少女的彩色照片,其下配文:“2002 年 3 月,《世界新闻报》非法盯上了失踪的女学生米莉·道勒(Milly Dowler)和她的家人,干扰了警方对她的失踪调查”(*Guardian* 7/4/11,也可参见 *Telegraph* 7/4/11)。米莉·道勒在 10 年前失踪的事件曾被各大媒体广为报道,无论是大报还是

---

① 《卫报》在报道伦敦都市警部一官员首次因窃听事件而被定罪时指出,《纽约时报》促使警察重新介入调查,厥功甚伟:“《卫报》和《纽约时报》爆料称电话窃听之普遍,并非像新闻国际多年来强调的‘只是个别无良记者的行为’。此后,伦敦都市警部被迫重新审查对《世界新闻报》电话窃听的指控,并对其定罪。”(《卫报》1/13/13)。

② 在广义的社会化进程的时间序列中,特定的监管介入和媒体介入之间的关系是相互依存、相互作用的,并视情况而定。例如,《纽约时报》的报道发表后,伦敦都市警部重启调查,同时引发了英国的监管介入和媒体介入。即使某一监管机构出于国家特殊原因,率先公开打击反公民腐败(Olave 2018),该问题的社会化也要依赖媒体发起符码转向的表演。

小报，无论是左翼还是右翼，都利用此事大做文章。这是一个令人心痛的关于无辜生命被谋害的故事，被视为令英国公民社会深感不安的低谷事件。大众对此悲伤事件依然记忆犹新，而杀害道勒的凶手于 2011 年 7 月《卫报》发表该篇报道的前 10 天刚被定罪。

据《卫报》现在所披露，米莉·道勒不仅被谋杀，还遭到窃听。[①]这篇层层铺陈的新闻叙事用“十恶不赦”和“卑鄙无耻”等显著字眼来痛斥这些被指控的行为。道勒家的律师将窃听形容为“吃着人血馒头的悲剧”，并宣称《世界新闻报》“没有人性”(*Guardian* 7/4/11)，这一事件标志着窃听丑闻的影响从机构内部蔓延到整个社会。据报道，米莉一案之所以如此牵动公众的神经，是因为米莉只是一个“普通公民”，而不是很容易遭受不良之风侵袭的富豪名流(*WSJ* 7/13/11)。伦敦新闻学教授艾弗·盖布尔(Ivor Gaber)在接受《华尔街日报》采访时表示：“窃听名流政客就算了，但是你窃听的是一个被谋杀的少女的手机，性质就变了”(*WSJ* 7/14/11)。

这则新闻曝光“把一个长期不温不火的问题变成了爆炸性丑闻”(*WSJ* 7/25/12)。英国媒体用一场摧枯拉朽的“政治风暴”来形容此次危机，并预测这一风暴将清除其道路上的一切障碍(*NYT* 7/21/11)。《卫报》的报道犹如一记“重磅炸弹”，在英国公民领域的媒体机构中引起强烈反响，各大博客、广播、电视和出版物争相报道。电话窃听再也不是机构内默认的常规操作，而变成了一项触犯公民核心价值的罪行。道勒一家遭遇窃听事件，不再被当作一则新闻，而被广泛视为一次“曝光”(*Guardian* 7/4/11, 7/13/11,

---

① 具有讽刺意味的是，这一指控后来被认为不准确。

12/15/11),将一个长期被邪恶力量隐藏的毒瘤公布于众。在《卫报》(7/8/11b)的一篇评论文章中,一位愤怒的学术观察员声称:"《世界新闻报》亵渎了很多被人们视为神圣的东西,其恶劣程度在战后媒体史上前所未有。"他还说:"《世界新闻报》和新闻国际集团的所作所为不光是'不道德'(仅就狭隘的专业角度来讲),也不光是违法,参与《世界新闻报》窃听行为的相关人士更是大不敬者,亵渎了……神圣的新闻精神。"

在"引发连锁反应的戏剧化的一天"接近尾声时,现在人们所说的"电话窃听危机"在当时被形容为"**让《世界新闻报》无处遁逃**"(*Guardian* 7/5/11,黑体字强调为后加),这等于宣布一个不容被挑战的事实——机构内部特权最终被取缔。默多克的传记作家迈克尔·沃尔夫(Michael Wolff)说,这一丑闻显示:"窃听并不罕见,也算不上他们过去的判断和战略错误,却表明了[新闻公司的]根本身份:重要的不是他们曾经做过什么,而是他们现在的所做所为"(*Adweek* 6/20/11)。一位著名的工党议员将这次窃听事件定性为"卑鄙且邪恶的行为",这番话得到公众的广泛支持(*Telegraph* 7/4/11)。

在接下来几天里,各种"爆料"接踵而至。据称,默多克的小报还窃听了英国"7/7"恐怖袭击受害者家属的电话,以及后来在战争中牺牲的英国驻阿富汗士兵与其家人的谈话(*Guardian* 7/5/11)。诸如此类的报道"让公众更加震惊不已",公众对一名前士兵所描述的"记者为牟利而进行肮脏调查"感到"惊骇"(*Guardian* 7/6/11)。《每日电讯报》(7/7/11)称"给家人的电话很珍贵,神圣不可侵犯",并称窃听行为"侵犯了个人生活"。大报《泰晤士报》和小报《每日镜报》都冠以醒目的“窃听致死”的大标题(*Guardian* 7/8/2011a)。各大报纸一方面论述公民隐私的神圣性，另一方面揭露窃听行为为谋求经济利益而不择手段的卑鄙性，两者双管齐下。

经追查，对无辜者的窃听行为与有钱有势的媒体大亨们脱不了干系。近十年来，小报精英们通过贿赂警察，发布虚假声明，不是把指控者描绘成民主政治的敌人，就是描绘成捍卫自身利益的竞争对手，使其窃听行为一次次成功躲过公民领域的监督。然而，一旦社会化危机将窃听行为定为反公民罪行，默多克集团就不得不扯上公民大旗做伪装。2009 年，《世界新闻报》的一位编辑不露声色地向议会撒谎，向那些民选的公民代表保证，该报的内部调查“没有发现任何不法行为的证据”(*NYT* 9/5/10)。

在之后的社会化进程中，考虑到这种硬碰硬的抵制肯定会损害默多克在公民领域中的地位，进而严重危害其企业，于是默多克阵营转而决定，必须迎合公众对公民权力的敬畏。默多克的编辑丽贝卡·布鲁克斯(Rebekah Brooks)称这些窃听行为“令人震惊”，她带领的小报竟然被曝出这种行为，简直难以置信(*Guardian* 7/5/11)。默多克的媒体公司新闻国际集团声称，如果指控属实，简直令人“瞠目结舌、惊骇不已”，并承诺无论是来自莱韦森的调查、警察的调查，还是议会的调查，都将通力配合，而且还宣布将在内部进行彻查(*Guardian* 7/5/11)。当默多克被传讯在国会作证时，他宣称：“这是我职业生涯中最灰暗的一天，说对不起已远远不够。”他说自己在听到米莉·道勒的相关指控时情绪要崩溃了：“得知道勒一家所遭受的苦难时，我从没有那么痛苦过，同样，得知《世界新闻报》可能让他们的遭遇雪上加霜时,我从没有那么愤怒过”(*USA Today* 7/20/11)。

2011年7月9日,新闻国际宣布将关闭《世界新闻报》,英国公众一片哗然。这是默多克的精英层采取的一次最大胆的举措,以削弱其在公民领域中的恶劣影响。《世界新闻报》有着168年的历史,从一家象征着“傲慢的民粹主义英国报纸”的“英国机构”(*Guardian* 7/9/11),转变成位于反公民黑暗中心的不受法律监督的集体代表。新闻国际称该决定是为了涤罪和忏悔,甚至下令将该小报最后一期的收入捐赠给“公益事业”(*USA Today* 7/8/11)。

据报道,默多克与即将离职的《世界新闻报》员工进行了一次面对面会谈,会谈表面上很私密,但是会谈内容还是被泄露出去,事实上,默多克及其编辑们称那些记者员工们是“英雄”,称赞他们为打造一份“出色的专业报纸”作出了“伟大贡献”(同上)。① 尽管公民领域对默多克的新闻行业操作进行抨击,尽管默多克自己也公开认错,但私下里他毫无悔过之心;他没有摊牌,而是紧握筹码,伺机反攻。事实上,关闭《世界新闻报》被广泛认为是及时止损的战略举措,而不是真的为了改善其在公民领域中的形象——“与其说是为了忏悔,不如说是为了生存”(*USA Today* 7/26/11)。观察家们并没有相信默多克转而向公民领域投诚是真心真意的,他们公开表示,默多克真正的野心是要英国政府继续支持其公司收购英国天空广播公司(BSkyB),毕竟那是英国最赚钱的私人电视公司(*Guardian* 7/13/11)。

---

① 参加会议的人将这些话转述给了媒体,后被广泛宣传。

无论默多克在政治上多么有谋略，在经济上多么实力雄厚，在反公民的泥沼中，默多克这一标志已经沦陷。《每日邮报》曾发表了一篇题为“傲慢及其对新闻自由的威胁”的社论（*Guardian* 7/8/11a）。这位“上了年纪的媒体大亨”曾计划“将英国天空广播公司的控制权交给他的小儿子”——默多克“家族”的继承人（*Guardian* 7/8/11a）。但是他们现在可能“看到了不祥之兆”，《卫报》称，“这些家伙正落败而逃”（*Guardian* 7/13/11）。政府发言人宣布，默多克对英国天空广播公司的收购已经搁浅，新闻国际撤销了它的收购标书。默多克曾被誉为天资卓越的商人和具有远见卓识的民粹主义者，现在却被描绘成一个贪得无厌、专横跋扈的反民主暴君。《纽约时报》（7/6/11）在题为“默多克因窃听案面临议会的盛怒”的报道中称，“下议院各方人士所表现的厌恶之感，如潮水般汹涌”。一位工党议员宣称：“我们已经让某个人对我们国家的生活产生了过分大的影响”；一位保守人士立即附和：默多克的过错在于“全面滥用了几乎前所未有的权力”（同上）。

符码已经转向，稳定状态已成为过去，社会化进程不可逆转。

实质性监管

米莉·道勒这一轰动性事件最终迫使英国发生符码转向。随后，公众舆论排山倒海而来，迫使公民领域介入，《卫报》（7/13/11）几乎毫不掩饰其喜悦之情，宣称对小报不法行为的曝光“引发了广泛的公众舆论，并进一步触动议会乃至政府采取行动”。电话窃听最终被界定为受利益驱使而非捍卫真相的不法操作，不仅会威胁民主,还会威胁个人自主权。领域内的公职监管已宣告失败。连默多克旗下的大报《泰晤士报》也声称,媒体没能从道德层面去解读职权责任,这反映了媒体权力与公民领域价值之间存在危险的鸿沟:“与政治生活的道德准则一样,媒体行业的首要道德标准是不偏离受众的道德准则:遵循常识、睦邻友好、作风正派”(*Guardian* 7/8/11a)

要防止公众的解读权受反公民力量的侵害,对英国媒体的业内精英监管不可或缺,而外部的公民领域监管也要重新启动。公民领域中实质性的强制力量开始干预,对那些之前打着公民幌子的机构内精英进行惩处,或将之革职。伦敦都市警部和地方警局迫于媒体对其腐败行为的曝光,开始检查数万页的记录及数百万封邮件,下令开展数百次采访,并进入商务办公室和私人住宅,搜查反公民行为的证据。他们还逮捕了大约 100 人,包括丽贝卡·布鲁克斯、安德鲁·库尔森、默多克旗下另一家小报《太阳报》的首席记者以及国防部的一名官员,这些人都被指控“在公职中共谋不当行为”。

陪审团给伦敦都市警部侦缉总督察定了罪,至于原因,《卫报》(1/13/13)称其“身为公职人员却行为不端”,并援引了一位高级警官的话:“她的所作所为真是太令人失望了,作为侦缉总督察……竟然滥用职权”,并坚持认为“我们绝不会容忍……大都会警部出现的任何贪污腐败”。最终一大批人锒铛入狱,包括被判 18 个月监禁的库尔森。许多曾在《世界新闻报》和其他小报工作过的编辑和记者以及伦敦都市警部的许多侦探和高级调查员也被逮捕

(*WSJ* 11/21/12)。① 另外,一些位高权重的编辑以及国家和地方警察官也被迫辞职。数百名窃听受害者提起诉讼,最终导致默多克媒体公司损失 10 亿美元。

在危机爆发的最初几天,公民领域对该事件的干预势如破竹,政府机构之外的政治人物、有影响力的记者和知识分子都要求官方进行调查。随后,业已存在的国会特选委员会宣布要强化听证会的作用,但是公众认为这一举措还不够。他们认为,只有一个独立的、非国会控制的委员会才能不为金钱所动,不惧党派之争,不受意识形态的侵蚀,才能坚决捍卫"社会大众"的利益。2011 年 7 月 6 日,英国首相戴维·卡梅伦(David Cameron)批准了这项要求进一步执行公民权力的呼吁。卡梅伦提议委托一个调查委员会进行独立调查,并指示众议院议长就是否创建该委员会让议员进行投票,投票意味着遵从自由辩论,而非强制遵从党纪,卡梅伦还称"这一事件团结所有三大政党"(*Guardian* 7/13/11)。

六天后,卡梅伦任命大法官布赖恩·莱韦森担任调查委员会主席,主席有权传唤证人,并要求证人在公开场合宣誓后作证(http://www.levesoninquiry.org.uk)。记者们将莱韦森描述为公平公正的化身,是恪守公民职责的偶像,称其虽"不善社交",但是"坚韧、执着又勤奋"(*Guardian* 7/24/11)。副首相尼克·克莱格将莱韦森的任命与公民领域的整顿联系在一起,形容这是"百年难遇的机会,可以肃清警察、政客和媒体人之间见不得光的腐败关

---

① 在这些案件中,有多人经审判被定罪。布鲁克斯最终被无罪释放;库尔森在狱中服刑 7 个月。

系”(*Guardian*7/24/11)。

五个月后，莱韦森勋爵公开展开调查，他表示此次调查寄托着公民的美好愿景，是一份沉甸甸的道德责任，为此他强调了新闻、监管和社会团结之间的关系：“媒体对公众生活各个方面的监督至关重要，这就是为什么媒体业内的失败会影响到我们所有人。因此，该调查的核心问题很简单，一言以蔽之：谁来监管监督者?”六个月后，正值莱韦森的调查举步维艰之际，下议院文化媒体和体育委员会回答了这个问题。据该委员会报告称，他们的电话窃听调查发现，是高管的玩忽职守，最终酿成了祸患：

> 鲁伯特·默多克故意对其公司和出版机构的所作所为视而不见，这种文化……从高层渗透到整个公司……充分说明了新闻集团和新闻国际缺乏有效的企业治理。因此，我们得出的结论是：鲁伯特·默多克不适合担任一家大型国际公司的管理者。(*NYT* 5/1/12)

面对如此大规模的公民干预——无论是媒体干预还是监管干预，几个世纪以来未曾改变的“小报新闻潜规则”现在从机构内部被“重新构建”(*NYT* 11/30/15)。鲁伯特·默多克向政府当局作证称，他“花了数亿美元进行整顿”，声称“现在我们的公司已焕然一新，有一套新的规则，有一批新的合规官员”(*Congressional Record* 1999)。毫无疑问，虽说这是自卖自夸，但为了捍卫自身利益，这种组织修复也是真实的，且有效地迫使相关人士以更符合公民准则的方式来行使编辑权力，而不是一味地迎合读者趣味而谋求私利。

在符码转向、公民干预的四年后，《纽约时报》又对默多克等人的此类声明进行了评估，之前该报就对电话窃听事件的社会化发挥过重要作用。评估发现，小报新闻确实发生了深刻变化。《纽约时报》称，“小报仍然穿插少量有关毒品的报道和桃色新闻”，但这些报道“要受到严格的法律审查”，而且“报刊要给出充足的理由——此类报道是出于公共目的，且不带淫秽色彩”（*NYT* 11/29/15）。记者们也被要求在采取过激的调查策略之前先“咨询机构内部的法律团队成员”（同上）。小报记者们曾经“被编辑逼着用不可靠的方法来获取独家新闻”（同上），而现在他们被郑重告知，他们要遵从公民义务和权利。

> [默多克旗下的]“新闻英国”（News UK）①为其记者们制定了一些新规则，比如，贿赂[唆使]政府官员（禁止），为新闻报道的内容来源付费（仅部分允许），雇佣私人侦探（得到批准后方可），通过电子手段收集私人信息（也不可以）。员工还必须接受有关利益冲突、贿赂、技术、工作场所行为、电子通信和举报等方面的培训。（同上）

一位著名的英国媒体学者观察后发现：“小报越来越不像小报了”（*NYT* 7/24/14）。一名前小报编辑（Lyall）承认：“英国媒体不得不改过自新。”一位《卫报》前编辑，曾引领这家反默多克报纸积极曝光窃听事件，声称：“西部拓荒般的日子”已经结束（*NYT* 11/

---

① 在社会化的阵痛中，默多克将他的新闻集团拆分为独立的娱乐公司和新闻公司，并将后者更名为“新闻英国”。

30/15)。美国国家公共广播电台(WBUR)媒体记者大卫·福尔肯弗利克(David Folkenflick)给出这样的结论:“正是这一桩丑闻,改变了报纸大亨及其高管与高级执法官员和顶级政客同流合污的状况”(WBUR, 2014)。

反 击

在莱韦森开展全面调查之际,默多克和小报精英们已不再扮演忏悔者的角色。“我感到特别自豪,我们从来没有用我们的报纸来追逐商业利益,”《太阳报》(默多克旗下的小报)的一位前总编辑,在被指控贿赂警察而后无罪释放时,毫无悔意地告诉记者(*Guardian* 4/25/12):“真相已经大白,对方是出于政治目的迫害我们小报媒体”(*Guardian* 4/27/15)。尽管小报被诸多丑闻缠身,面临着严重惩罚,并开启了深入的卓有成效的重建工作,但默多克还是开始了猛烈反击。面对罗伯特·杰伊(Robert Jay)的激烈审讯——“您的主要目标是增加这些报道的商业价值,而根本不在乎道德”,默多克此时毫无忏悔之心,犀利反驳:“真是可笑,这么一大笔纳税人的钱居然被这样花掉了”,居然花在苏格兰场(伦敦都市警部)对电话窃听的调查上(*Guardian* 4/26/12a)。默多克回应说,是的,《世界新闻报》确实参与了电话窃听,但那是高级编辑的指令;而他自己被“误导且被蒙在鼓里”(同上)。事实上,默多克一直坚持认为他奉行的是最高的职务标准:“我确实努力成为一个道德楷模,并且明确表示我很看重道德规范”(*Guardian* 4/25/12)。针对欺骗这一指控,他坚称自己作为媒体所有者,想要“永远讲真话,虽然也要引起公众的兴趣和关注，但还是会永远讲真话”(*Guardian* 4/26/12a)。《纽约时报》(4/26/12)报道称，莱韦森的“质询近乎恭敬而文雅”，这与去年对默多克“在议会上”的问询形成了鲜明的“对比”。

默多克的转变预示着媒体精英重整旗鼓，开始强烈反击。民众对电话窃听的深切担忧促使当局开启莱韦森调查，但 14 个月后，调查结果却偏离了主题，其提议更像是强化政府监管，而非强化公民领域的监管。在长达 2000 页的四卷报告的末尾，莱韦森大张旗鼓地提议成立一个皇家特许委员会，负责防止媒体权力的滥用，首先对记者和新闻媒体发出警告，然后宣布民事判决和高额罚款。

提案的细节在接下来的两年中发生了变化，允许这一新成立的监管机构通过下设的三层组织架构进行调解——说是调解，其反对者则认为是粉饰罢了(*Guardian* 10/10/13)，但提案传达的信息没变：媒体应该受到政府的管控。莱韦森的提案不仅可以预防电话窃听(这种行为现在已被曝光并受到惩罚)，而且可以防止媒体做出任何被新成立政府机构认定的越界举动。

尽管有些不情愿，但政客和知识分子中的左翼人士还是认可该提议；因为媒体和其他产业一样，对其进行监管将对人民有益。但大多数媒体业内人士，无论秉持何种意识形态，都不买账。他们愤怒地慷慨陈词：媒体不仅仅是一个产业，更是一个公民机构。编辑、出版商和记者们将这项提议中的监管称为“**政客**的宪章”，对新闻业的需求、利益和意义完全不闻不问(Ward 2014，黑体字强调为后加)。伦敦政治经济学院的一位媒体观察家在博客上写道：“各大报纸持抗议态度”(媒体政策项目博客 1/8/14)。当地媒体集团公开表示担忧,称新规可能“打开赔偿费的口子”,“给英国 1100 家地方报纸带来沉重负担”,并抑制“言论自由和出版自由”(*Guardian* 4/26/12a)。全国报纸强烈警告说,在新时代数字新闻大行其道的背景下,不能再进一步削弱新闻业了。

现在对民主构成威胁的似乎不是反公民的小报媒体,而是媒体的批评者。如此一来,公民领域和国家之间的界限恢复如初。曾经被誉为公民修复的最终成果,现在却被视为具有威胁性、侵入性和反公民性。在莱韦森听证会上,默多克曾警告调查人员“要谨慎行使监管权”,并断言“媒体是保障民主的,而我们要的是民主,不是独裁”(*Guardian* 4/26/12b)。事实证明,这位狡猾的媒体大亨是对的,形势发生了逆转。现在,媒体人正借助民主的名义捍卫机构内部监管。默多克从而保住了自己的权力。

回归稳定状态

电话窃听丑闻落幕,公民修复业已完成,而莱韦森的调查仍在继续。在民愤沸腾期间,符码刚开始转向之际,该项调查就被委托进行。然而,仅仅 5 个月后,该委员会就公开召开会议,那时已有数百人被捕,数十人公开道歉,人们对动摇公民权核心的迫切担忧也有所缓解。尽管调查委员会发现了一些新消息,却极少曝出什么引人关注的大新闻。总共听取和统计了 337 名证人的证词,然而,虽然他们的证词偶尔会勾起人们的同情,却并没有引起群情激奋的公民审判。莱韦森听证会非但没有成为重大新闻事件,出现因收视率极高而扰乱正常广播和日常节目的现象(Dyan and Katz 1992),反而只在一个名不见经传的电视频道——议会电视(Parliamentary TV)上播放,结果只有对此事十分关注的少数人观看。这次调查仅满足了少数人的好奇心,收视率平平,没有引起轰动效应。

民众的愤怒已经消退。莱韦森提出的建议遭到了来自记者和出版商的强烈反对,他们坚决捍卫机构内部管控,反对不懂新闻的政府横加干涉。公民领域和非公民领域的界限重新回到稳定状态。保守党政府搁置了启动公民修复的承诺(*Guardian* 4/21/16, 11/1/16, 12/22/16),而其政敌想重新启动这一承诺也毫无成效(*Guardian* 4/13/15)。就这样一切回归稳定状态。

第七章　#MeToo 运动

稳定状态

#MeToo(我也曾遭遇过)运动掀起了一场针对职场性骚扰的社会化运动。纵观整个现代史,这种职场性侵害与公民领域几乎完美隔绝,安全隐身。但在某种程度上这也损害了公民领域,男性至上的性别歧视赋予男性更大的性权力,这大大折损了公民领域的理想化特质——自由、平等和团结。

纵观公民领域的大部分历史,难见女性的身影。她们几乎只负责家庭领域的情感和谐、子女养育和生殖繁衍,即使在这一非公民领域内,她们也受制于男性权威——男性被视为制度精英、权力阶级、尊贵群体和父权代表,男性定义价值、支配下属,并且是行为和利益的监管者。不仅外出工作,就连在家庭内发生性关系都是男性的特权。如果女性遭受痛苦(这是常事,有时甚至遭受极端痛苦），那么其呼喊声也不会被广大社会听到。由于被边缘化，她们的痛苦无法被社会化。即使女性下属受人爱戴（这种现象时有发生），她们也根本没有被当成真正的公民看待，而被认为是：蛮不讲理、歇斯底里、软弱无能、依赖他人、遮遮掩掩、不能为自己挺身而出。没有道德和法律上的公民地位，更别说在机构中占有一席之地，这使得女性在两性关系中处于被动地位。她们不能公开（哪怕是私下）谈论性生活。即使她们努力反抗男性的性别统治，其行为也经常被嘲讽为装模作样、故意为之，甚至是在玩欲擒故纵的伎俩。

女性主义发起了对父权制的公民修复，打破了公民领域和私人领域间的壁垒，重建了女性地位（Alexander 2006：235 - 264）。第一波和第二波女性主义浪潮所掀起的政治运动不仅旨在调动权力和法律资源来扩大公民权；更重要的是，两次运动在文化上所做的努力重新界定了女性本质（Alexander 2001），这无论对边缘化的女性，还是对以男性为核心的群体，都意义重大。如果女性被认为是理性的，那么她们将被赋予选举权；如果被认为独立自主，那么就能拥有财产权；如果被认为诚实开放，那么就能进入公共生活；如果女性足够强壮，那么就可以外出工作。女性主义挑战了男性的公民代表权，颠覆了男性的主导权。女性主义认为，比较而言男性更尊崇“父权”而非“父爱”，更崇尚行使权力与控制而非爱与关怀，为此女性主义者创作了一批感人至深、情节曲折动人的故事，控诉性别歧视，揭示受压迫女性阶级的痛楚，歌颂勇于反抗的女性英雄。① 女性主义勾画了一个性别文明的新乌托邦：一个不是由等级制度和高压统治说了算的世界，而是一个男女关系平等的和谐世界。② 女性主义在政治和文化上的表现不仅改变了女性的意识，也改变了许多男性的观念。那些为女权运动出谋划策并付诸行动的人不仅被誉为成功的战略家，更被誉为国民英雄，如伊丽莎白·卡迪·斯坦顿、贝蒂·弗里丹、格洛丽亚·斯泰纳姆，不胜枚举。

然而，如果说 20 世纪末的第二波女性主义浪潮引起了革命性变革，那么它离完全成功还相差甚远。随着女性主义社会和文化运动成为常态，虽然社会化插曲曾沸腾一时，促成公民修复，但最终会回归到稳定状态。女性主义运动让女性得以走出家庭、进入职场，但父权制衍生的许多社会问题依然存在。在经济领域，女性仍广泛受制于男权，经常受到性嘲弄、性威胁、性胁迫和人身侵犯。女性虽然加入了劳动力大军，但她们仍不是公民领域的正式成员。原则上，她们可以获得法律权利和其他公民法规的保护；但实际上，她们仍然是二等公民，一旦出现破坏民主原则的专断行为，她们极容易受到伤害。与男性员工相比，女性员工通常被认为在智力上稍逊一筹，在情感上不够成熟，这使得男性上司更关注女性的

① 1979 年，美国激进女权主义法学理论家凯瑟琳·麦金农(Catharine A. MacKinnon)写道："性骚扰期间的性侵犯不同于对不恰当的对象产生欲望这种常见行为，前者是带着个人蔑视的支配性行为，一种为所欲为的习惯，一种基于自己可以占了便宜又能全身而退的认知(通常确实如此)——所有这些都是以性侵的方式表达出来。这是披上色情外衣的统治"(MacKinnon 1979：162)。继麦金农的开创性著作《对职业女性的性骚扰：性别歧视案例研究》(*Sexual Harassment of Working Women*：*A Case Study of Sex Discrimination*)之后，一系列相关书籍出版，为性骚扰法奠定了基础。

② "'性骚扰'这一表述自林·法利(Lin Farley)在 1974 年举行的一次意识觉醒研讨会后逐渐被确立，这次讨论是康奈尔大学女性和职业课程的一部分"(Siegel 2003：8)。

性别特征，而不是其工作能力。人们通常忽视女性对不公正待遇的控诉；即使有人关注她们的故事，相信者也寥寥无几。男权统治已经从亲密关系领域（家庭生活领域）转到经济生活的机构场所，而且在很大程度上仍然不受公民领域的监督。男性占据了大部分的高级职位，收入高，有重大决策权；相比之下女性处于底层，还被认为能在底层谋得一个位置就已经是幸运儿了。

20 世纪 80、90 年代，出席佐治亚州立法会的女议员们会受到嘘声和口哨声的干扰，这一做法如此司空见惯，以至于她们还为此专门创造了一个习语——“穿衣请说人话”（talking under your dress）（*Atlanta Journal Constitution* 3/16/18）。一位自 80 年代以来一直担任州议员的女性回忆道：“这几乎成了一条潜规则，没什么大不了的，只是为了打趣。这种行为总被视为玩笑。当时‘性骚扰’一词还没出现”（同上）。之所以没有出现，是因为男性在职场中的特权被看作是家常便饭，从精神、道德、组织架构到性生活，各方面都是如此。一位科罗拉多州的女性抱怨说：“这种现象如此普遍、平淡无奇，所以就算‘性骚扰’事件发生，人们也无动于衷，这一事实本身就是错误的”（*Colorado Springs Independent* 11/8/17a）。

在♯MeToo 运动发生前的几十年里，男性在职场的日常行为偶尔会被视为性骚扰。时而有一些政界名流（*WP* 12/7/17）、娱乐界大佬（*Hollywood Reporter* 5/3/18）和科学界精英（*Huffington Post* 4/7/11）被曝性骚扰，遭受道德谴责，并被迫退出公共生活。人们形容他们是坏了一锅粥的老鼠屎、越轨者；对这些人进行严厉制裁后表明，这一锅粥整体上还是好的。对于有性侵犯倾向、临近警戒线但没越过底线的男性,人们称之为"玩弄女性的人"(womanizers),但言辞之中难免有嫉妒和几乎不加掩饰的艳羡之情。关于女性的愤怒和受害的故事,惯常被忽视,诉诸法律的努力更是被嗤之以鼻。2015年,安布拉·巴蒂拉纳·古铁雷斯(Ambra Battilana Gutierrez)向纽约警方提出对哈维·韦恩斯坦(Harvey Weinstein)的强烈指控。据称,她接到了与韦恩斯坦再次会面的电报,并带回了一盘能定罪的录音带(*NYT* 10/17/17)。然而,曼哈顿地区公职检察官小塞勒斯·万斯(Cyrus Vance, Jr.)拒绝提出指控。一位参与调查的官员证实:"我们有足够证据来起诉韦恩斯坦";他谈及此事时表示:"我在警局干了那么久,这个案件比我想象的更令人愤怒"(*New Yorker* 10/10/17)。

这就是稳定状态下的绝缘体保护。只有社会化才能把原本习以为常的行为重新定义为玷污和亵渎。

符码转向

虽然美国公民领域的监管机构仍然保持沉默,但传媒机构开始恼羞成怒,立志要调查清楚。2016年冬春之际,唐纳德·特朗普击败对手获得共和党总统候选人提名,这位煽动性极强的极右翼政客对主流新闻媒体进行了猛烈的攻击,谴责媒体捏造虚假事实,扬言要让它们破产,甚至赞成对媒体记者进行人身攻击。随着媒体精英的理想和物质利益日益受到威胁,媒体公开指责一些右翼领导人,谴责他们不仅在政治意识形态上反公民,而且还实施性别统治。

政治分化阻碍社会化

总统候选人特朗普贴着“厚颜无耻、玩弄女性”的标签，在主流新闻报道中，他的形象是恃强凌弱、自吹自擂、言语粗暴且反公民。2016 年 10 月初，《华盛顿邮报》(*Washington Post*)曝光了一段十年前的采访录音，记录了特朗普对一位人物新闻记者吹嘘的话：“如果你是明星，她们任你摆布。你可以为所欲为……甚至玩弄她们的私处。你能做任何事”(NBC News 10/7/16)。这些侮辱女性的吹嘘之词立即遭到了谴责，不仅来自民主党领袖，还来自共和党主流人士。然而，在总统大选的白热化阶段，这场争论产生了意想不到的效果，反公民性质的性行为在此语境下被模棱两可地诠释成政治分化的表现。

除了 2016 年 10 月曝出特朗普的厌女症(misogyny)，之前和之后也曝出两项轰动性新闻调查，这些叠加在一起似乎证实了意识形态、性侵犯和媒体指控之间的某种关联。2016 年 7 月，《纽约杂志》的一名调查记者揭露了保守派电视频道福克斯新闻(Fox News)的传奇创始人兼总裁罗杰·艾尔斯(Roger Ailes)数十年来的职场性侵害事件。调查报道了福克斯新闻公司员工对艾尔斯提起的诉讼，但牵动人心的是幕后的秘密侦查和漫长的、史无前例的各种采访。7 月底艾尔斯被迫辞职，记者精英们欢欣鼓舞，称这是一次职场政变，也是一次新闻人实现公民理想的胜利。《华盛顿邮报》如是说：“记者们之间的竞争异常激烈，但是每隔一段时间，总会有一名记者在某个故事的持续报道中一马当先，让人望尘莫及，而其他记者能做的就是对这位脱颖而出的记者表示认可，”并补充道,这种如同走钢丝般的杰出表现,远远超出了个人认知的范畴(*WP* 8/2/16)。史上第一次,媒体打破了隔绝职场性侵犯接受公民审判的壁垒。《华盛顿邮报》评论道:“众所周知,福克斯新闻一直对其内部运作讳莫如深,而在公众形象的管理上却大胆冒进”,而报道此事的记者断言:“现在真相大白,令人细思恐极、毛骨悚然”(同上)。

《纽约杂志》的执行编辑也从个人与机构的双重角度对该记者进行了赞誉:“他的所作所为简直令人惊叹——他揭露的是一种充斥性歧视、性骚扰和厌女症的企业文化”(同上)。

然而,这次曝光仅被视为管窥福克斯新闻高层性侵犯的一个窗口,还没有暴露出系统性的社会问题。这一事件被广泛解读为一家深陷困境的自由派媒体机构对右翼媒体的攻击,而三个月后,当总统竞选达到白热化之际,《华盛顿邮报》揭露特朗普侮辱女性事件,这似乎又佐证了上述说法。如果把媒体对性侵害的曝光与党派之争混为一谈,那么很难让职场性骚扰问题引发社会的普遍关注——无论是将其作为广泛的社会问题加以抨击,还是开展公民修复,都将受到阻挠。而次年春天的党派纷争对社会化进程的阻碍进一步证明了这一点。2017 年 4 月,据《纽约时报》披露,福克斯新闻为了保护其人气超旺的保守派脱口秀主持人比尔·奥莱利(Bill O'Reilly)免受福克斯女员工的性骚扰指控(*NYT* 4/1/17),秘密支付了 1300 万美元。虽然奥莱利被迫辞职,但这一事件却硬生生被套上了浓重的党派斗争色彩。对左翼来说,奥莱利的过错似乎是右翼性别政治的典型教训。对右翼来说,情况恰恰相反,他们认为对奥莱利的曝光是左翼的另一场阴险狡诈的政治把戏。

短短 10 个月里，就有三次曝光打破了公民领域与非公民领域之间的界限，一再暴露了职场性别统治这一社会问题。虽然这一社会问题初见端倪，但政治分化阻碍了其社会化进程，使公众无法看到这一问题的深刻性及其系统性隐患，也意识不到这种隐患将威胁公民领域得以存在的前提。

韦恩斯坦事件曝光成突破口

2017 年 10 月 5 日，事态发生了转变。《纽约时报》发布了对好莱坞核心圈不端性行为长达一年的调查结果（*NYT* 10/5/17）。之所以是好莱坞，因为好莱坞地理位置优越，拥有具全球影响力的艺术梦工厂，也是自由派作家、制片人和演员们思想任意驰骋的地方，而保守派对此却深恶痛绝。哈维·韦恩斯坦，《纽约时报》的调查对象，不仅是在这个特权世界、强权世界上最具影响力、最引人瞩目的大亨，而且还是有名的自由派活动家，与左翼势力和主要民主党政治家都有密切的经济联系和私人交往。特朗普是彻头彻尾的反自由派，在他上任总统八个月之际，左翼仍在愤怒中激烈抵抗，而《纽约时报》对韦恩斯坦的抨击，似乎暴露了自由主义思想的虚伪说教和自以为是。许多保守派评论员都加入了♯MeToo 运动，兴高采烈地声称自由主义者从来都是最恶劣的罪犯。《纽约时报》的保守派专栏作家罗斯·杜塔特（Ross Douthat）写道："现在'原谅我，我是自由主义者'的那一套并不能保护韦恩斯坦，但几十年来他都以此作为盾牌"（*NYT* 10/7/17）。辩论家安妮·库尔特（Anne Coulter）声称："♯MeToo 运动的突破在于人们最终敢于向所谓的自由派性侵害者叫板。直到不久之前，如果你的名字是'克林顿’‘肯尼迪’或‘韦恩斯坦’等等，那么强奸甚至谋害女孩还能让人接受”（*Breitbart News* 9/19/18）。格伦·贝克（Glen Beck）认为“有些人越是罪大恶极，越是贼喊捉贼”，他写道：“韦恩斯坦事件，现在，将好莱坞众所周知但都秘而不宣的事情变成了全国关注的焦点……”（Glennbeck. com 2018）。肖恩·汉尼蒂（Sean Hannity）认为：“奥普拉（Oprah）为不端性行为和性侵的受害者挺身而出，真是太棒了。我觉得很了不起。但我们不能忘记，此类不端行为在好莱坞已经猖獗了几十年……很多人在这一问题上是伪君子”（Hannity Fox News 2018）。

《纽约时报》的曝光将这位著名的自由派好莱坞大亨与艾尔斯、奥莱利和特朗普本人置于同样窘迫的境地，但是如果说有什么区别的话，那么毫无疑问，他被描绘得更加野蛮。当然，这正是关键所在。综合四次媒体曝光来看，这四个人的共同点不是他们的政治意识形态，而是他们都乐于利用自己的职权来满足对性别统治的渴望。①

《纽约时报》记者乔迪·坎特（Jodi Kantor）和梅根·图伊（Megan Twohey）因其新闻调查揭露了一位只手遮天的好莱坞大亨的淫秽腐败行为而获“普利策”新闻奖。与此同时，该报道将韦恩斯坦的隐秘恶行视为典型的案例，来研究精英阶层如何以牺牲公民价值来维持体制内控制。这两位记者记录了一位手握重权、掠夺成性的巨头的性欲望，但也描述了公民文化和公民机构未能

① 美国皮尤研究中心（Pew）在 2017 年 11 月和 12 月进行的一项调查发现，69％的共和党女性认为最近的性骚扰和性侵指控反映了普遍存在的社会问题，而民主党女性中这一比例高达 74％（Vox 5/7/18）。

实施监管控制的后果。在此过程中，与其说哈维·韦恩斯坦是一个实物教学中的典型案例，不如说韦恩斯坦事件就像一则寓言故事，讲述了在后女权主义职场中仍然猖獗的雄性欲望给公民生活带来的危险。坎特和图伊所揭露的不仅是性侵害，更是"滥用职权"问题（*NYT* 10/5/17），或者正如《洛杉矶时报》（*LosAngeles Times*）社论所述，揭露的是"有权势的男人仍然相信骚扰那些权势没他大的女人后可以逍遥法外"（*LosAngeles Times* 10/7/17）。坎特和图伊论述了男性的欲望一旦不受公职道德和公民义务约束所导致的后果。他们较少关注韦恩斯坦性侵犯的细节，更关注他如此作恶多端，却如何能逃过公民领域的正义之光。他们的发现立足于公民领域道德话语体系中的批判性、审判性二元话语。2018 年春天，《纽约时报》执行主编迪恩·巴奎特（Dean Bacquet）获得普利策公共服务报道奖，他之所以获此殊荣，不是因为他精湛的新闻专业水平，与政治意识形态也没多大关系，而是因为他运用了公民领域的话语，发起了性别和性公正的讨论。"我们通过揭露隐秘的私下和解，说服受害者去发声，让位高权重的男人们为自己的行为负责"，巴奎特宣称，"我们掀起了一场全球范围的对性侵的声讨，而这一势头还在增长"（*NYT* 4/16/18）。巴奎特将新闻理想与公民干预融为一体。《纽约时报》执着追求事实真相，始终保持中立立场，娴熟运用新闻技巧，正是如此，才有如此杰出的公众服务和公民贡献。

职场性骚扰问题最终开始社会化。韦恩斯坦影业公司内部长久以来的稳定状态被打破，再次进入人们视野的是一个残酷的、充斥反民主和性统治的污秽之地。倚仗自己在财政和管理上的过人权力，韦恩斯坦并不要求女员工们独立自主，也不要求她们提高工作效率,而要求她们性服从。女性作为员工和性对象的这一对比贯穿《纽约时报》的叙述。10 月 5 日的新闻导语是:韦恩斯坦邀请女演员艾什莉·贾德(Ashley Judd)去半岛比佛利山庄酒店"参加这位年轻女演员以为的**商务早餐会**"(*NYT* 10/5/17,本段中以下引用均出自此篇报道,黑体字强调为后加)。但实际上韦恩斯坦却让人"将她带进房间,然后他身穿睡袍出现,问是否可以给她按摩,或她可以看着他洗澡"。接下来是艾米莉·内斯特(Emily Nestor)的故事,她"只做了一天**临时雇员**",就受到韦恩斯坦的侵犯。坎特和图伊向读者保证,她们的报道是"对在职**员工**和昔日**员工**以及电影**行业工作者**的相关采访的真实记录"。报道称韦恩斯坦对"那些希望从他那里获得**工作**的弱势女性"虎视眈眈。其受害者们"原以为是出于**工作**原因要去酒店汇报工作"。韦恩斯坦的制作人员为从工作场所向卧室的转变大开方便之门。一开始,工作人员参与制造工作会晤的假象,然后陪同受害者到韦恩斯坦的私人房间,在那里他施展权威要求对方性服从:"他总是向我提出一些新要求……这一切都是……协迫交易"。

韦恩斯坦的性侵犯行为在机构内已广为人知。"大家都知道。""这对圈内人来说不是什么秘密。"(*NYT* 11/5/17)"几十名韦恩斯坦的昔日和在职员工,从助理到高管,都坦言他们在职期间知晓韦恩斯坦的不端行为"(同上)。而机构外,几乎无人知晓。米拉麦克斯影业公司的一位前总裁说:"从外界来看,韦恩斯坦影业公司光彩照人——奥斯卡奖、功成名就、非凡的文化影响力。"他补充道:"但内部却是一团糟"(同上)。"家丑"之所以没有被外扬,是因为上面对受害者和公司员工强制实施了"封口准则",就如同黑手党向受害者发出死亡威胁一样(同上)。惊恐的、受创伤的、往往极为愤怒的女性声音被压制住了。她们不仅受到解雇威胁,还受到职业生涯被毁灭的威胁,而只要她们接受保密协议(non-disclosure agreements,NDAs),从此依照协议闭口不谈"协议或导致协议的事件",就能得到一笔封口费(同上)。《纽约客》的罗南·法罗(Ronan Farrow)证实,影星艾莎·阿基多(Asia Argento)"没有发声","因为她担心被韦恩斯坦'摧毁'"(*New Yorker* 10/10/17)。阿基多解释说,这种威胁绝非是口头上的,因为"我知道他已经摧毁了很多人"(同上)。

韦恩斯坦公开表示,这些封口策略并不是为了掩盖自己的性别统治,而是为了维持机构内部平衡。他告诉《纽约时报》记者:"在解决员工对职场问题的担忧上,我的座右铭是维持和平"(*NYT* 10/5/17)。一名新来的女员工在遭受了韦恩斯坦的协迫性交易后,将一纸诉状递向了公司高层:"我仍然害怕说出真相,但保持沉默给我带来了巨大的痛苦"(同上)。据坎特和图伊说,韦恩斯坦及其工作人员向她提供了一项经济"解决方案",要求她签署保密协议,之后那名女员工"撤回了她的申诉,还感谢(韦恩斯坦)给她提供职业发展机会"。韦恩斯坦的发言人表示:"双方很快就达成了和解"(同上)。坎特和图伊对这种双方都满意的稳定状态的描述并不买账,相反,她们认为这些机构内部互动严重违反公民原则,从根本上威胁到民主本身。

次日,《洛杉矶时报》的一篇社论呼吁,要进行公民干预,不管机构内部会付出什么样的代价。董事会对韦恩斯坦的性侵犯行为的容忍和包庇,牺牲了受害者,违背了更大范围内的公民领域价值观,部分原因在于韦恩斯坦赚了很多钱,为公司赢得了很多荣誉。然而,在符码转向之后,董事会清楚地认识到:企业"不能仅仅因为强权者为他们赚钱,就忽视或容忍强权者对无权者的性骚扰"(*Los Angeles Times* 10/7/17)。三天后,《洛杉矶时报》的另一篇社论将这种自我导向型的权力滥用归咎于公职监管的失败:"据受害女性描述,韦恩斯坦的行为令人作呕,但公司里的其他人处处为其掩盖罪行,这同样令人作呕"(10/11/17)。当权者并没有实施以公民价值为导向的监督,而是选择掩盖真相。曾经有"包庇"和"促成"的"勾结行为",现在"公司的整个领导层都逃不掉……指责和耻辱"(同上)。与坎特和图伊共同获得普利策奖的罗南·法罗,将之描述为"共谋文化"(*New Yorker* 10/10/17)。

《纽约时报》10 月 5 日对韦恩斯坦性侵的曝光就是一场大规模的公民干预。它在美国公共领域里像一枚重磅炸弹一样爆炸,粉碎了公民领域和职场之间的屏障,扯掉了男性性行为的遮羞布,严厉谴责了机构内部的反民主行为。符码转向一启动,舆论一片哗然,掀起一片惊天骇浪。ProQuest 数据库称,这篇报道在网络发行的当天,引用就达到了 33 次,涉及多个大洲、多种语言。* (此注释注文见第 135 页)第二天,当纸质版发行时,ProQuest 数据库显示引用达到 122 次,另有 26 篇印刷版相关专题报道,均来自发行量巨大的新闻媒体。[①] 此外,该报道还被各大电视新闻节目头条播出,被有

① 这些媒体包括:《波士顿环球报》《芝加哥论坛报》《哈特福德新闻报》《电视评论家协会地区新闻》《今日美国》《道琼斯机构新闻》《海湾新闻》《内城新闻》《洛杉矶时报》《国家邮报》《新政治家》《纽约时报》《新闻周刊》《费城论坛报》《经济时报》《经济学家》《乡村之声》《华盛顿邮报》《多伦多星报》《综艺》《华尔街日报》和《华盛顿邮报》。

线新闻全面报道，引发各大博客一周全天候热议。

在这篇轰动性报道发表一周后，即 10 月 15 日，一位名叫艾莉莎・米兰诺(Alyssa Milano)的电视明星兼活动家，于该日下午 4 点 21 分(太平洋夏季时间)发布了一条推特消息。内容如下：

> Me too(我也曾遭遇过)。一位朋友建议说："如果所有遭受过性骚扰或性侵犯的女性都写上'Me too'表明遭遇，也许会让人们意识到问题的严重性。如果你受到过性骚扰或性侵犯，请在这条推文下面回复'me too'。"

到第二天早上，米兰诺就已经收到了 55000 条回复，"Me Too"标签一时跃居推特榜榜首(*Guardian* 12/1/17)。在最初的 24 小时内，#MeToo 在推特上被推送了 11 万次，随后，脸书上也发布了 1200 万条帖子、评论及来自全球 470 万用户的回应(*PR News* 10/23/17)。[①] 接下来的四个月里，平均每天有 10 万条关于 #MeToo 的推文，一位学术分析师称"持续不断的 #MeToo 推文热"是一种"新常态"(Cohen 2018)。在符码转向之前，性骚扰在社交媒体上出现的频率极低，且这一现象持续多年。符码转向后，它在社交媒体上出现的频率猛增了三四百倍，且居高不下，每日被提及的数量达几十万次，每月达几百万次(*WP* 10/22/18；见图 7-1 和 7-2)。[②] 一位《华盛顿邮报》的博客作者解释说，#MeToo 主题标签

① 在社交媒体沸腾之际，人们发现，"MeToo"实际上是十年前一位非裔美国活动家塔拉娜・伯克(Tarana Burke)引入的一个标签，旨在让社会更加关注有色人种女性遭受的性剥削。

② 这些图由乔治华盛顿大学"深红六边形"数据分析公司创建。

“面向公众”,“这一规模空前的声援证明该问题无法回避,所有人都是受众”(*WP* 10/19/17)。

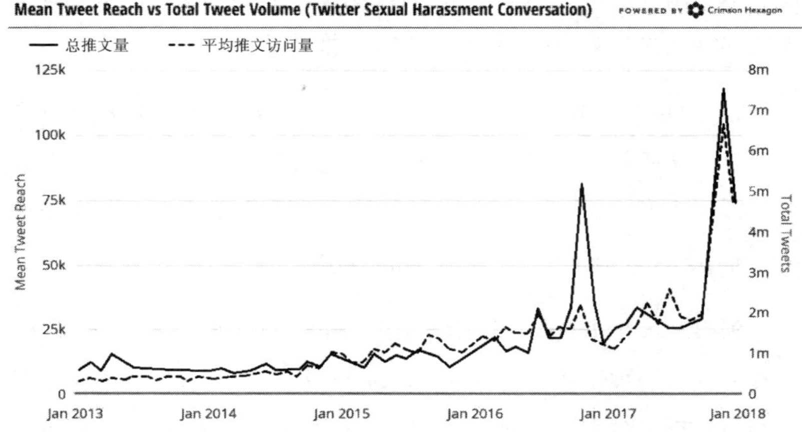

图 7-1 平均推文访问量与总推文量(推特性骚扰对话)

来源:“深红六边形”数据分析公司/乔治华盛顿大学

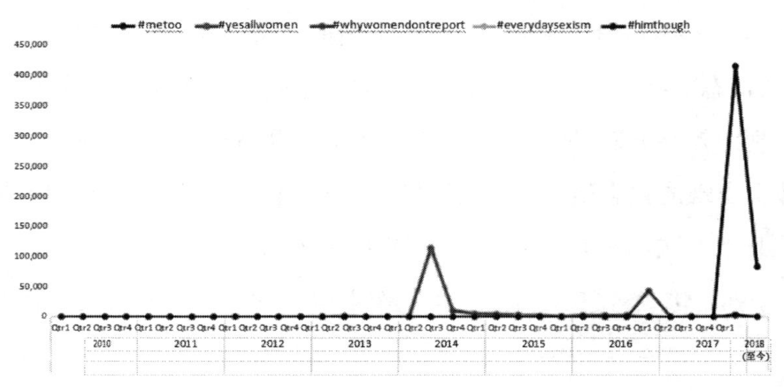

图 7-2 性骚扰话题讨论趋势

来源:“深红六边形”数据分析公司

长久以来，职场性胁迫被阻隔在公民受众之外，是机构内严守的秘密。如今这一曾经“看不见的”社会问题已经社会化，像一把匕首直刺公民领域的心脏。《蒙特利县（加利福尼亚）周刊》(*Monterey County* [California] *Weekly*, 10/26/17)在韦恩斯坦事件首次被披露的三周后惊呼：“防洪的闸门已经打开。”两个月后，《彭博商业周刊》(*Bloomberg Businessweek*, 12/20/17)的一位撰稿人指出：“大胆说出哈维·韦恩斯坦强奸和虐待的女性们，引发了一场文化地震”，“大地终于开始颤动”，“有时感觉整个世界都已开始瓦解”。继首次指控的九个月后，《纽约时报》在《#MeToo 运动后的连锁反应》(“After #MeToo, the Ripple Effect”)一文中写道：“几乎每个女性都有一个#MeToo 故事”(*NYT* 6/28/18)。

> 最发人深省、最强有力的领悟之一，就是性骚扰如此普遍……它普遍存在于金融、科技等行业，以及餐馆、工厂和酒店等工作场所。女性并不会因为年龄、财富、地位或权势就被豁免。（出处同上）

跨越东西海岸——从精英到大众

然而，即使在这场运动爆发的鼎盛期，公民领域的代表、受害者激进分子和左翼、右翼领导人，仍在不断怀疑，符码转向是不是只是一种幻觉，是一场仅限于名流和东西海岸精英的“茶壶里的风暴”，而与美国的其他地区无关，也就是说，“真正的”美国，根本就没有受到波及和影响。这些怀疑，有时体现在思想上，预示着针对#MeToo 运动的一场反击即将来临。而另一方面，这些质疑往往也表达出由衷的焦虑——更广泛的公民团结还有待加强。

但事实是，无论这种担忧是出于战略需求还是出于真心，都大错特错。诚然，名流效应和一长串影视明星构成的“好友”名单大大提高了“MeToo”这一标签的传播力，但在此之前，《纽约时报》刊登的调查性新闻就已触发了符码转向。《纽约时报》凭借雄厚的财力、庞大的记者队伍以及引以为傲的批判性新闻传统，几十年来一直是美国、也可能是近年来全球公民领域最具影响力的报纸，每天都在发表公民评判以飨读者。其纸质版读者有100万，其电子注册读者有200万，其新闻报道往往成为各大报纸、电视、广播和社交媒体的国民话题。① 坎特和图伊的报道已经引发了公民领域的广泛愤怒，再加上社交媒体的推波助澜，社会团结在整个美国公民领域得到加强，无论是团体还是个人都不会在此事上因宗教、地区和阶级不同而产生分歧。

宗　教

2017年10月19日，据《新泽西犹太新闻》(*New Jersey Jewish News*, 10/19/17)报道，东正教犹太女性“强烈反对”来自一位东正教男领袖的建议——犹太女性应穿朴素的衣服来保护自己、免受性骚扰伤害，这一建议引发人们热议。女性们怒斥，像这样对受害者倒打一耙的行为，完全无视东正教男性在职场上、在约

① 这并不表示其他全国性报纸没有影响力。像《华盛顿邮报》和《华尔街日报》这样的报纸也会破例报道爆炸性新闻而打破常规的新闻周期，而一些地区性影响力大的报纸，如《波士顿环球报》和《洛杉矶时报》，则很少这样做。

会时和在大街上的“韦恩斯坦式行为”（同上）。愤怒的回应者认为“男性主导”的好莱坞与充斥“僵化的等级制度和父权制结构”的东正教犹太社区本质上是一样的（同上）。他们发现了同样的“封口准则……在与外界隔绝的宗教圈子里”，这一准则让“看似虔诚的男人拥有不受约束的肆意统治”，对无权无势的、身受各种限制的女性实施“侵犯”（同上）。

两个月后，在刊头打着“佛罗里达州第一海岸严肃黑人周刊”旗号的《杰克逊维尔自由报》（*Jacksonville Free Press*，12/7/17）称，妇女使用“#Churchtoo（#我在教堂也遭遇过）标签来揭示无数令人不安的经历”，据报道：“数百名妇女透露了她们在教堂内或在基督教会高层人物手中遭受强奸、性侵犯和性骚扰的事件”（同上）。一位经常上教堂做礼拜的妇女抱怨说：

> 我数不清有多少次在教堂听到有人公开承认猥亵、骚扰、强奸等行为，结果他们的“勇敢和诚实”却被大加赞赏。不必承担后果。教会保护性侵者的传统令人作呕。（同上）

地　区

10 月 17 日，休斯敦当地一家主要新闻电台 KHOU 11 的网站以“休斯敦女性加入#MeToo 运动”为标题报道说：“来自全国各地的女性正联合起来大声疾呼反对性侵犯，如今休斯敦数百名女性也加入其中”（KHOU 11 10/17/17）。一周后，康涅狄格州《哈特福德新闻报》（*Hartford Courant*）刊登了题为“#所有人：为何#MeToo 运动愈演愈烈”（10/22/17）的文章。对其在脸书上对读者的呼吁：

"告诉我们 #MeToo 运动为什么愈演愈烈,她们希望看到什么样的结果"(同上),该州的这家主导报纸回应道:"韦恩斯坦一案在本州乃至全国的女性中引发了深深的共鸣,催人泪下。"来自康涅狄格州托兰县的劳拉·马霍(Laura Mahon)问道:"有没有女性未曾遭受过骚扰/侵犯?"(同上)。来自西哈特福德的露西·费里斯(Lucy Ferriss)说:"导致这一切的原因太多了,"并罗列了一长串行为:

> 遭高管拍屁股;遭遇高中老师过分狎昵;遭男友强迫;在空旷的地铁里遭遇裸露狂;遭遇老板提出用陪睡来交换晋升机会;遭遇老板以解雇相威胁要求陪睡;遭遇医生猥亵;约会遭强奸;遭丈夫施暴;遭遇强奸犯,等等。

然后总结道:"现在,我们绝不再容忍其中任何一件事发生……女性已经退无可退,该奋力反攻了"(同上)。来自韦瑟斯菲尔德镇的吉尔·弗莱彻(Jill Fletcher)说:"终于在无望中等来了希望。#MeToo 运动是一场雪崩,让埋葬已久的伤害不再沉默,在团结的声音中引发共鸣……事实上无数声音汇聚在一起才有穿透的力量"(同上)。来自斯托宁顿的玛丽安·奥黑尔(Marianne O'Hare)说:"韦恩斯坦等人仅仅是金字塔顶端的作恶者。而顺着金字塔顶端到底端,无权无势的普通女性也不能幸免,我认为这才是最大的悲剧"(同上)。

数天后,《圣巴巴拉独立报》(*Santa Barbara Independent*)以"#MeToo 运动校园反应"(10/26/17)为题,称"高中女生对性犯罪和不端行为日益担忧"。11 月初,《科罗拉多州斯普林斯独立报》(11/8/17a)以"无处不在"("The Profound Prevalence")为题,哀叹职场性骚扰已经变得如此“司空见惯，以至于发生了人们也不会大惊小怪”。11 月晚些时候，《迈阿密时报》(11/19/17)的一位匿名撰稿人发出警告：“我们迈阿密人不要以为事不关己而高高挂起，不要以为这只是华盛顿特区或娱乐之都洛杉矶和纽约的问题”，并预测“＃MeToo 运动将出现在阳光明媚的南佛罗里达州”。四个月后，即 2018 年 3 月，《亚特兰大宪章报》(3/16/18)刊载了另一篇连载文章，曝光了对佐治亚州政府性骚扰问题长达数月的调查结果。作为美国南部最具影响力的报纸之一，它指出，佐治亚州的首府“主要由男性管理”，“权力失衡”营造了一个“厌女症的粪坑”。调查公布了他们如何“不让公众知道当选官员的不端行为”，并描述了“少数立法者如何闭门处理申诉，处理过程也不让外界知晓”(同上)。

阶　级

10 月 16 日，《达拉斯新闻报》以“＃MeToo 运动进入达拉斯，社交媒体讲述性侵受害人故事”为标题，刊登了“丽兹·兰德里在杂货店的第一份工作”，报道称“早晨，当经理从后面走过来，把骨盆压在她身上，揉搓她的肩膀时，这份工作变成了一场噩梦”：

> 当时她才 19 岁，在 20 世纪 90 年代以男性为主导的企业环境下，她觉得无法提起法律诉讼。如今，这位 38 岁的律师在达拉斯为那些受到性侵犯的人辩护，她通过＃MeToo 运动说出了很久以前发生的那件事。(*Dallas News* 10/16/17)

次月初，《科罗拉多州斯普林斯独立报》(11/8/17b)刊登了一份题为“＃谁未曾遭遇过”的第一手证词。

> 那时我 22 岁,在市区一家很受欢迎的餐馆做服务员。一天下班后,我决定留下来,听乐队万圣节周末演奏。当时店里的一名银行家常客走过来,把手放在我屁股上,大致是说:“你这里的南瓜真不错。”他的手一直紧捏着我的屁股。我转身对他说:“把你的手拿开,老板付我薪水不是允许你做这些的……”当然,我本可以走进经理办公室报告此事,对不对?哦,对了,办公室公告板上挂着一张复印的牌子,上面写着:“本店绝不容忍性骚扰,但要视情节而定。”那我要怎么说?“突然捏屁股,抓着不放,言语粗俗?性骚扰的评级顶多是C+。”不,我什么也没说,我确信后来这个男人仍在该店多次点餐,而我作为服务生仍面带微笑。

2018 年 3 月,《芝加哥太阳时报》刊登了一位反性骚扰活动家的社论,题为“在名流们说‘me too’之前,蓝领女性们的性侵控诉无人倾听”。该文章作者是一名劳工律师,她认为#MeToo 运动给“蓝领行业的……职场性暴力带来一份迟到的关注”(*Chicago SunTimes* 3/21/28),文中描述了一名工人阶级女性的倾诉:“最后,不光是我们,有钱人也逃不掉。”2018 年 9 月,《卫报》专门刊登了题为“普通女性的抗议和呐喊”(9/18/18)的文章。

> 上周二,有 10 座美国城市的麦当劳员工集体罢工,抗议无处不在的性骚扰。而一周前,加州的清洁女工们从旧金山徒步 100 英里(约 161 公里)到达位于萨克拉门托的州议会大厦,支持反性骚扰立法。清洁工工会(janitors' union)、服务业雇员国际工会(SEIU)与东洛杉矶妇女中心(East LA

Women's Center)共同合作,长期默默开展女性自卫培训,推进同行反性骚扰工作坊,推广性侵危机热线。(*Guardian* 9/18/18;参照 *NYT* 9/19/18)

公民修复——文化(再)建构

社会化导致了公众修复,首先也是最有意义的一点,就是构建了一整套新的社会意义。涌现了一个全新的文化结构:这是一种公众的职场性骚扰及反骚扰斗争的集体表征,具有强烈批判性,也是解放性的。曾经的道德体系是抽象的、二元对立的,神圣与污秽泾渭分明,现如今的道德以具体的方式呈现出来,颠覆了以往的性别文化。有性侵倾向的男性开始被视为不值得信赖、鬼鬼祟祟、不诚实且违反公民价值,而其女性受害者则是值得信任的,坦率、开诚布公且合乎公民价值。这些角色被赋予全新内涵,在讲述职场解放的叙事中,他们成了对抗压迫、创造正义的主角和反派。在两性斗争中,曾被誉为男子汉气概十足的男主角,如今沦为作恶多端者。而一度被描述为软弱无能的女性,如今被誉为勇气可嘉、胆识过人的巾帼英雄,例如,韦恩斯坦性侵事件曝光六天后,《华盛顿邮报》上就有众多名人给站出来的受害人点赞(*WP* 10/13/17)。

"她们有难以置信的勇气,现在挺身而出,真是太棒了。"(马特·达蒙/Matt Damon)

"她们勇敢地站出来发声。"(格瑞辰·摩尔/Gretchen Mol)

"她们英勇无畏,挺身而出。"(詹妮弗·劳伦斯/Jennifer

Lawrence)

“大声揭露侵犯行为,真是勇敢无畏的女性!”(梅丽尔·斯特里普/Meryl Streep)

“无比勇敢。”(凯特·温斯莱特/Kate Winslett)

“永远敬畏那些敢于发声的人。”(林-曼努尔·米兰达/Lin-Manuel Miranda)

随着符码的转向和解放性叙述的开启,曾经那些抱怨不公和遭受指责的受害女性被赋予了一种新的公民身份,这使得她们能讲述自身遭遇的社会苦难,成为受人尊重的叙述者。“讲述她们自己的故事”是数月以来成千上万份#MeToo证词的主线。罗杰·艾尔斯性侵案的前原告格雷琴·卡尔森(Gretchen Carlson)在2017年10月10日《纽约时报》中写道:“重点并不在于韦恩斯坦被解雇了,而在于女性的声音最终被听到”(*NYT* 10/10/17)。六天后,曾遭受性侵的杂货店女店员,也是后来的反性侵倡导者,于10月16日,在《达拉斯新闻》(10/16/17)中声明:“讲述你自己的故事有很强大的力量,(因为)敢于谈论是我们开始构建真相的唯一途径。”半年后,来自商业杂志《巴伦周刊》(*Barron's*)的一位伦理学家以分析的视角重申了该论点:

女性……已经有机会去讲述她们的故事。#Me Too运动带来的部分影响是对边界的重新定义……一些令人反感的污言秽语和不怀好意的肆意打量以前被认为是“男人天性如此”或“更衣室谈话”,如今被重新定义为性骚扰。曾经女性的描述被嗤之以鼻或被视为鸡毛蒜皮,现在她们有了重新叙述

的空间。(*Barron's* 4/24/18)

2017 年《时代周刊》揭晓其年度风云人物奖，获此殊荣的是各行各业披露性骚扰和性侵事件的"打破沉默者"("Silence Breakers")(*Time* 12/18/17)。

女性讲述个人的性侵遭遇已成为严肃的公共事务。公民的愤怒以亲身经历的形式表现出来，不仅折射出受害人的深切痛苦，而且真实可信，她们也确实赢得了广泛信任。公民领域的支持者们认真聆听，经常表达发自内心的感同身受，她们从这些故事中看到的不再仅仅是受害者，而是她们自己、朋友和家人。随着共鸣的扩大和团结的加深，公民意识不仅为其他女性所接受，也获得男性同胞的认可，在 #MeToo 运动的前三个半月里，男性的推文贡献率高达 37%(Cohen 2018)。一名来自达拉斯市的 41 岁居民马蒂·尤迪斯基(Marty Yudizky)写道，虽然"我个人并不是性侵犯受害者"，但也要发推文"以表达对发布'metoo'跟帖女性的声援和同情"(*Dallas News* 10/16/17)。一名来自科罗拉多州的女性在推特上讲述了自己遭受性侵的经历后，发帖说："我目睹了男性朋友们发现身边几乎所有女性亲戚都发布了 MeToo 后的反应。还有一位男性朋友发现他姐姐也在推特页面上跟了[#MeToo]帖子后，当场崩溃。这种冲击力很强——简直太强了"(*Colorado Springs Independent* 11/8/17a)。

"她的故事"不再是她自己的故事，也不只是个人叙述，还有关于权力、创伤和生存的更深刻的真谛。事实上，讲述 #MeToo 故事的女性们被赋予了"幸存者"这一神圣地位。根据后大屠杀道德观

(post-Holocaust morality)(Alexander 2003),幸存者意味着能提供难能可贵的真相,其个人证词也被视为道德真相。

实质性监管

社会化才刚开始,活动家和批评家就开始焦虑,认为什么也不会真正改变。这些担忧以二元对立的形式表现出来,如言与行、软与硬、情感与结构、个人与体制、信念与组织等。10 月 16 日,就在#MeToo 标签开始疯传的一天后,在这场不断升温的风暴中心,温哥华的一名博士后发表了一篇文章,“我不认为#MeToo 标志着某种‘分水岭时刻’”,但“我希望它成为某种特定的系统性变化链中的重要一环”(*WP* 10/16/17)。社会化开始三个月后,《华盛顿邮报》的一位撰稿人宣称,“如果我们不对我们的法律体系进行……变革,那么#MeToo 运动将徒劳无益”,而且“如果没有实质性的改革,这场运动可能竹篮打水一场空”(*WP* 1/25/18)。在乔迪·坎特和梅根·图伊的《纽约时报》新闻调查引发符码转向半周年之际,坎特在一份非常悲观的调查和事件回顾报告中明确表达了这些担忧。虽然坎特承认“#MeToo 时刻”已经“改变了社会态度”,并“导致了前所未有的问责”,但她遗憾地说,现状仅停留在“揭露性骚扰的普遍性”层面,尚未形成系统性和结构性的改变——还没有“法律和制度”措施来防止或惩戒性骚扰(*NYT* 3/24/18)。

但是,那些正处于激进的社会变革中的人们往往看不到改变。他们焦躁不安,全身心投入于运动本身,想要在更短的时间内促成更多的事件发生,而无心回顾可能已经发生的变化。在混乱的突如其来的抗议大军中，个体很难窥见运动发展的全貌。倒是那些在这场斗争中没有涉及多少利害关系的人有时反而更具有反思能力，他们认识到整个运动本身已经发生了变化。在坎特表达焦虑和遗憾的一个月后，2018 年 4 月 19 日，《美国保守派》（*The American Conservative*）一针见血地指出："＃MeToo 运动在社交媒体上广为传播已经有六个月之久。从一开始，这两个小词就引发了一场蔓延到全球各行各业关于职场性骚扰的对话"（4/19/2018）。社会化引发了新的文化理解，而这些理解是结构性、系统性和集体性的。这些理解改变了社会行动的方向。不仅如此，随着观念的改变，实质性监管将接踵而至。

推翻男权精英

符码转向最显著的实质性影响是性别权力的反转，数百名有钱有势的权贵被殃及，作为机构内部精英，他们的职业生涯被彻底毁掉了。公民领域群情激愤，将这些人视为施虐的行凶者，进入他们所在的机构，强行迫使他们离开。这种实质性效果不是通过警察行动来实现的；很少有被指控者被捕，也没有人入狱。事态的发生更像是一场公民拘捕。性别革命进入一个新阶段，是时候**砍掉（男性）资产阶级的头**了："被围困的哥伦比亚广播公司又一个高层的脑袋不保了"（*NYT* 9/13/18a）。《纽约时报》记者在一年后对＃MeToo 运动进行评估时发现，尽管出现了"猛烈的反击"，该运动已经撼动并且"仍在撼动""社会中最显著的一些部门权力结构"，而且"权力走廊"也因此发生了显著变化（*NYT* 10/23/18）。200 多名非常"杰出"的男性，"在被公开指控性骚扰后"，丢了职务，其中近半被女性取代(同上)。公民领域介入职场并将反公民男士赶下台,这只是一方面,更重要的是,一种被认为更符合公民准则的权力形式——女性权力——取而代之。《纽约时报》报道称,“研究一再表明,女性的领导方式不同,会创造让员工更受尊重的工作环境,在这种环境中,性骚扰不太可能猖獗,而女性也更乐意举报”(同上)。在企业界,女性经理“雇佣和提拔更多女性”并“给她们更平等的报酬”。在政府部门,“妇女被证明更具协作性和两党合作性”(同上)。加州大学黑斯廷斯学院的一名法学教授从风险对比的角度解释了权力的性别转换:“过去雇佣女性一直被认为是冒风险的,因为她们可能会被一些事情干扰,比如生孩子。但现在雇佣男性员工被视为风险更高”——因为他们可能有反公民的性支配倾向(同上)。伴随着性骚扰的社会化,妇女“开始在各种组织机构中获得权力”,产生“潜在的深远”影响,而且毋庸置疑是推动人类文明进步的影响。(同上)①

重构组织内部

在之前的章节中本书谈到金融危机的社会化,我发现早在新的政府法规生效之前,华尔街公司就已雇用了合规官员,以更公民化的方式重建投资策略——这不一定是源于他们认同公民修复的外部要求,而是因为他们希望采取措施来避免因违规而导致的物

① 在这一重建过程中,我本人并不是说新任命的妇女实际上会使机构权力更趋于公民准则,而是说这些都是媒体机构提出的论点,因为它们是公众意见的表征和凝结。我的观点是,在社会化背景下,男性被塑造成更加反公民的形象,而女性则被塑造成越来越亲公民化的形象。

质成本消耗。同样，＃MeToo 运动之后，大公司也启动了类似的自我重构，它“几乎触及各个行业”(PEW Stateline 7/31/18)。如《洛杉矶时报》(9/17/18)所称，如果美国变成“一个价值观截然不同的国家”，以至于“公众对可接受的[性]行为的定义”已经发生了深刻的变化(同上)，那么对于那些只有与公众舆论保持一致才能获得物质利益的组织而言，他们必须作出相应改变。

《纽约时报》报道称，继＃MeToo 运动之后，很多公司感到自身面临“严峻的声誉和业务风险”(*NYT* 3/24/18)，作为应对之策，机构内部政策开始出现“恐惧驱动型转变”(参见 Market Watch 7/14/18)。“从华尔街到硅谷”，各大公司董事会、经理和投资人，“人人自危，自查问题，以恐被突袭”(*NYT* 3/24/18)。连股东们也纷纷去核实公司是否制定了恰当的反骚扰措施。《市场观察》(2/16/18)报告称，虽然职场性暴力直接危害受害者，但“也有可能危害施暴者所在公司的投资者”。基石资本，一家投资咨询和财富管理公司，运用公民领域的话语来衡量盈利能力。该公司对潜在投资者说要警惕与性骚扰者产生“结构性同谋”，宣称“性暴力和性别的暴力”(SGBV)构成“新的投资风险”(同上)，并总结说，“投资者有责任要求公司在性暴力和性别暴力问题上提高透明度——去承担责任。”如果资本市场没有让公司遵守这种公民标准，那么，根据该咨询公司的说法，公司将被视为在性侵问题上构成“同谋”(同上)。挑战者咨询公司(Challenger, Gray & Christmas)，一家再就业和高管培训公司，敦促雇主“提前解决潜在的问题”，并“提高权力动态意识”(2018)。《财富》杂志援引纽黑文大学一位职场恋情专家的话说：“高层管理人员要传达的基本信息一定是，他们的工作场所是一个能让员工凭借各自优点生存的文明场所”(Fortune 7/18/18)。

《福布斯》杂志分析了哥伦比亚广播公司(CBS)的问题所在,这家电视和娱乐公司在符码转向后的接下来几个月里,因一系列指控和高管被迫离职事件而处于极度尴尬的境地。《福布斯》(9/17/18)报道称,CBS 董事会“太无动于衷、太被动”,暗示董事会在应对《纽约时报》的报道(9/13/18b)时——据称 CBS 董事长兼首席执行官莱斯·穆恩斯(Les Moonves)存在“欺骗”——虽然开展了“独立的内部调查”,但实在是为时已晚。圣达菲集团(Santa Fe Group)的女首席执行官表达了类似的观点,称 CBS 董事会“太慢了,不透明”(同上)。

《劳动力管理》杂志对 150 名人力资源主管进行了一项调查,发现“人力资源部门[正在]加大应对力度”,雇佣外部承包商“进行职场文化审核”,提供“独立举报人服务”,并在公司内部“加大性骚扰培训”(*Workforce* 4/3/18)。性骚扰培训领域的创始人说:“未来的 10 年内,我的时间都被预约了……但还不能满足需求”(*NYT* 3/23/18)。根据商业有线电视频道美国消费者新闻与商业频道(CNBC)的报道,很多公司正求助私人调查来“识别性侵者”,调查范围不仅包括自己的机构内部,还包括竞争对手的机构内部;这种将“女权主义武器化”的操作往往涉及“对商人私生活的大规模干涉”(CNBC 5/31/18)。

广告公司大幅修改员工约会政策(*Digiday* 2/5/18)。继两万名谷歌员工罢工抗议公司对性骚扰投诉的不当处理后,这家科技巨头宣布将不再强迫员工接受此类私人仲裁。第二天,脸书也宣布了同样的消息(*NYT* 11/9/18)。而微软在一年前就改变了仲裁政策,取消了强制仲裁协议(FAAs),并开始游说联邦法律进行类似的修改(Fortune 12/19/17)。优步(UBER)结束强制仲裁后,聘请前司法部长埃里克·霍尔德的律师事务所开展广泛的内部审查(*Time* 2/21/17)。康德·纳斯特(Conde Nast)宣布了关于"裸露和触摸"的新规(*NYT* 10/23/17)。

《巴伦周刊》特邀一位有影响力的商业伦理学专家来回应"咨询行业人士提出的棘手问题"(Barron's 4/24/18):

> 我是一家大型机构的负责人,最近为我的财务顾问和行政配套人员举办了一次团队建设活动。在这次活动中,一位50岁出头的男性高级制作人,开了好几个关于"＃MeToo"运动的玩笑,被人无意间听到了……有几个人目睹了这一切,并被这些言论冒犯了……我现在不确定该怎么应对才最好。

这位伦理学专家回复道,"作为领导者,你要立即让整个队伍团结起来",并明确表示"嘲笑＃MeToo 运动的言论违反了"公司价值观,"对组织有害",而且"不允许违反这些价值观的人损害单位的凝聚力"。她强调"口吻强硬"很重要,建议该领导"单独会见'罪魁祸首',问问他是否同意你对团队说的话"。"如果他同意了",那么你"可以寻求他的支持",在这种情况下,他可能会成为"组织内部影响者"。然而,如果罪魁祸首"不表态",那么"你有一个重要的决定要做",因为这已事关"谁将主宰公司文化——是他还是你"。

法律强化

在社会化进行到如火如荼的阶段,有一种观点被反复提出,即职场性骚扰之所以十分猖獗,是因为防止性骚扰的法律尚未出台,公民修复需要以法律改革为中心。然而,事实恰恰相反。早在1964年,《民权法案》就为制定反骚扰法奠定了坚实的基础,1980年平等就业机会委员会(EEOC)明确宣布,职场性骚扰违反了《民权法案》第七章的条款——禁止基于性别、种族和原始国籍的一切性骚扰(*WP* 1/25/18)。1986年,最高法院裁定:恶劣的工作环境也违反了第七章,1991年国会对第七章进行了进一步修订,规定了补偿性和惩罚性损伤赔偿。在这几十年期间和之后的时间里,反性别歧视法层出不穷,形成了一张厚厚的网(*WP* 1/25/18;参见*Time* 4/11/16及Siegel 2003)。

在性骚扰社会化开始之前,强有力的法律保护措施已经到位。以下是EEOC的政策,该政策定义了规范的工作场所行为以及受起诉的违规行为:

> 因为某人(申请人或雇员)的性别而对其进行骚扰是非法的。骚扰包括"性骚扰"或令人讨厌的性挑逗、性要求,还包括其他口头或身体性骚扰行为,且这种行为如此频繁或严重,造成不友善的或冒犯性的工作环境,或者导致不利的雇佣决定(例如受害者被解雇或降职)。(美国平等就业机会委员会,未注明日期)

2018年1月初,佛罗里达州一家实力雄厚、专门处理员工权益纠纷的律师事务所指出,"使职场性骚扰非法化是一条漫长的道路",并列出了1964年至2005年间诞生的16项重要法律决定。"现在已经有法律保护员工免受不必要的性挑逗和可能影响其工作能力的性行为的侵害，”该事务所向潜在客户宣称，“如果你是性骚扰的受害者和/或因举报性骚扰而被不公正地解雇或报复，你将受到联邦和州法律的保护”（Wenzel Fenton Cabassa，P. A. 1/1/18）。

那么，问题出在哪里？为什么在上述系列法律出台的同一时期，职场性骚扰仍然屡禁不止，居高不下？原因在于，法律只是外部约束；只有通过意志和想象力在内在激活，各项法律才能发挥作用，而这一前提是法规要与一个共同的文化核心产生联动。促成这样一个共同的文化核心正是符码转向的使命。在＃METoo 运动的社会化开始四个月后，凯瑟琳·麦金农，一位开创性女权主义法律学者，通过数十年的努力帮助建立了反性骚扰的法律框架，她在《纽约时报》的一篇专栏文章中宣称，“＃MeToo 运动正在实现迄今为止反性骚扰法律没有完成的任务”（*NYT* 4/4/18）。“对受害者的不信任、轻视和非人性化处理”，麦金农写道，以及“施虐者的否认和对原告的诋毁”，长期以来阻碍了性骚扰法产生重大影响（同上）。因为女性的“抱怨通常被忽视，被指责‘她不可信’或‘她自找的’”，许多“性骚扰受害者实际上认为举报毫无意义”（同上）。虽然“人们普遍认为，当某件事被法律禁止时，它或多或少会停止，”麦金农警告说，但事实并非如此；当然，“对于像性骚扰这样无处不在的行为，情况并非如此”（同上）。归根结底，是由于“文化不平等”，只有当“妇女的声音遍布在各种公开场合”，这种不平等才能被打破（同上）。

> 如今的性骚扰受害者，不再是骗子，不再毫无价值，她们产生的影响，是任何诉讼无法达到的……她们正被罕见地信

任和重视,而这是之前的各种法规很少做到的。其实这些事女人们一直在说,现在不同的是,人们对她们的回应变了。(同上)

骚扰女性的男性已经被辞退。现在有一种“对骚扰行为的厌恶”,“有权有势的男人们都不想和骚扰沾上边”(同上)。女性的故事,其真实性不再被质疑,正在打动公民受众。这些故事叙述者控诉了男性的掠夺性不耻行为,受众们,包括许多男性,也接受了这一视角。法律对于维护公民行为、扩大团结必不可少,但这种权力监管必须与媒体共同发挥作用。只有当反骚扰法被赋予了社会意义,它才能发挥监管效力。

所有这些都意味着反骚扰法可以得到强化。事实上,现有法律最终都有可能得到加强,这使得当代社会中的鸿沟和缺陷越发凸显。要起诉之前令人发指的性骚扰事件,就必须取消诉讼时效。要让受害者能够更自由地说话,保密协议就应该经过仔细审查并予以取消。强制仲裁可以被取消,私人诉讼费用可以被承保以抵消预付律师费。精神痛苦和折磨的货币赔偿上限可能会提高。例如,公司是否要向联邦政府报告骚扰索赔?因为索赔也是劳工部年度职业伤害和疾病调查的一部分。为了公平起见,立法是否要按情节的严重程度制定相应的惩罚措施(PEW statine 7/31/18;BillTrack 50 2/15/18;*WP* 1/25/18)?根据美国全国州议员会议的数据,在 2018 年的前五个月,32 个州出台了超过 125 项不同的立法,“关于性骚扰和性骚扰政策的立法数量前所未有”(National Conference of State Legislatures 6/6/18)。到该年底,其中许多法案已经在纽约州、纽约市、加利福尼亚州、伊利诺伊州和马里兰州等人口密集地被签署成为法律——但在人口不太密集的州，如佛蒙特州、缅因州、特拉华州、康涅狄格州和新墨西哥州，法案也一样被通过（Real Estate in Depth 10/18；Pillsbury Insights 10/8/18；Winston & Strawn LLP 6/14/18）。

反　击

职场性骚扰的社会化，发生在人们现有记忆中最严重的政治分化时期。在唐纳德·特朗普执政的第二年，女性和男性被重新赋予内涵；女性被认为是自己故事的真实叙述者；公民受众对于她们的创伤感同身受，表达了对性侵者的厌恶，这种厌恶将有权势的男性拉下马，让许多女性取而代之，重构了机构的内部环境，让反骚扰法获得了更多的支持。职场性骚扰之所以得以社会化，是因为它既不是政治右翼问题，也不是左翼问题，而本身是社会问题。在不断扩大的团结战线里，男性的身影增多了，其标志就是他们公开致歉。许多被指控的男性都表达了歉意，虽然致歉的诚意不是十足——哈维·韦恩斯坦首当其冲："我过去与同事相处的方式给大家带来了很多痛苦，我为此真诚道歉。虽然我在努力做得更好，但我知道我还有很长的路要走"（NYT 10/5/17）。

尽管社会化引发了公民重构和修复，然而——事实上，正是因为如此——社会化也引发了反击。＃MeToo 运动促发了部分男性精英的抵制，但是接下来的许多月，这种抵制并没有以左翼与右翼对抗的政治形式表现出来。例如，有些致歉表面上是对自己堕落行为的忏悔,字里行间却涌动着怨恨的细流。即使公众对指控、惩罚、忏悔和重构的叙述声势浩大,大多数被曝光、被羞辱的男性也没有公开承担责任。一项粗略的调查显示,2017 年 10 月 5 日至 2018 年 5 月 23 日之间,约 40%的人确实进行了道歉,但约 60%的人没有道歉,哪怕是虚假的道歉。*(注文见第 137 页)

机构对公民领域干预职场性骚扰的抵制实际上在社会化之前,即符码转向还很渺茫之际就开始了。当公民领域的媒体人开始调查在机构担任职位的男性的性行为时,男性精英们就开始利用权势阻止新闻报道的撰写和发表。2017 年 2 月,当《纽约时报》的记者艾米丽·斯蒂尔(Emily Steel)追踪福克斯新闻频道的热议事件时,比尔·奥雷利(Bill O'Reilly)打电话给她,警告她:"我会不择手段来对付你","你可以把它当成一种威胁"(*NYT* 10/15/17)。乔迪·坎特回忆说,当《纽约时报》开始调查哈维·韦恩斯坦的机构内部行为时,这位好莱坞大亨威胁要起诉该报——"他的高薪顾问或律师不可胜数"(*WP* 1/25/18);坎特的合著者梅根·图伊回忆说:"一支军队——堪称一支军队在攻击我们"(同上)。当哥伦比亚广播公司(CBS)一位新闻记者要求杰夫·法格——有权有势的《60 分钟》节目执行制片人——对他的性骚扰指控作出回应时,法格警告她"要小心",并威胁说"曾有些人想伤害我,他们现在已经丢了工作,如果你在没有……报道支持的情况下传达这些诽谤性的要求,后果很严重"(*NYT* 9/13/18)。曾领导硅谷性骚扰事件调查的《纽约时报》编辑回忆道,"他们极尽所能设置障碍,许多人采取了威胁手段"(*NYT* 10/15/17)。

随着对职场的调查逐步深入,许多被斥为雄性掠夺者的男性,表面上道歉，却公开否认曝光的许多细节。韦恩斯坦针对《纽约时报》关于他多年来一直骚扰一名长期雇员的报道作出回应："我对此一无所知"（*NYT* 10/7/17）。《华盛顿邮报》称，在调查"#MeToo 如何改变了哥伦比亚特区（DC）的权力结构"过程中发现，被迫下台的 19 名政治风云人物中，"大多数都目中无人，指责女性撒谎"（*WP* 9/26/18）。被指控的权贵支持者们也经常发起反击。被问及如何看待对哥伦比亚广播公司董事长兼首席执行官莱斯·穆恩斯（Les Moonves）遭多人指控而下台这一事件，曾因《野战排》（*Platoon*）获奥斯卡奖的 83 岁电影制片人阿诺德·科派尔森（Arnold Kopelson），表达了对机构的忠诚："即使有 30 多名女性站出来指控什么骚扰，我也不在意，莱斯是我们的领袖，我不会改变对他的看法"（*NYT* 9/13/18b：A1）。

在#MeToo 危机加深和社会化力量形成排山倒海之势的同时，单打独斗的抵制力量也开始联合起来，形成了一种"反动修辞"（Hirschman 1991），虽然这些声音主要集聚在右翼网站和福克斯新闻频道，但仍在公共场合产生了一定的影响。公民领域依旧是反击话语的核心，但它与#MeToo 运动的关联发生了根本变化。按此言论，性骚扰的社会化非但没有扩大公民团结，反而危害社会团结。反击言论质疑女性受害者控诉的真实性。布赖特巴特新闻网的一位评论家写道："不应该本能地相信女人"（Breitbart News 2/14/18）。因为"为推动事业的发展事实已经被牺牲"，我们不应该再"自动相信女人讲的都是真话"（《美国保守派》4/19/18）。著名时装设计师卡尔·拉格费尔德（Karl Lagerfeld）宣称："我一个字也不相信"，并补充道，"如果你不想让你的裤子被拉扯，就不要当模特！去修道院，那里总有你的一席之地”（*Numéro* 4/12/18）。反击力量对不断高涨的反骚扰舆论力量进行大肆攻击，称之为一种大众式的歇斯底里，一种无理性的“乌合之众心态”（Breitbart News 2/14/18）。＃MeToo 运动“由呼吁公开石刑的主流媒体推动”（同上）。“幼稚而独裁”（《美国保守派》4/19/18），＃MeToo 运动已经演变成一场带有“麦卡锡主义”色彩的“针对性污蔑”（witch hunt）（RedState Blog 11/29/17）。一份由法国 100 名艺术和娱乐领域的女性领袖联名签署的法国抗议请愿书，指责＃MeToo 运动企图营造“极权主义的氛围”：

> 我们所有人都被告知应该怎么说……妇女［被］奴役，成为永恒的受害者，而那些拒绝站队的被视为叛徒。［有］公开供词。（*NYT* 1/9/18）

尽管这一法国式抗议充满了开放主义思想的敌意，但它很快被兴起的反击派热切地接受了（如《美国保守派》4/19/18）。

“＃HimToo”标签很快出现（*NYT* 12/14/17）。反击派宣称“掠夺性的男人和脆弱的女人这种比喻已经过时了”（《美国保守派》4/19/18），＃MeToo 叙述被完全颠覆了。如今，提出指控的女性被描述成掠夺者，而男性成了女性虚假指控的受害者。安德鲁·亚罗（Andrew Yarrow）抱怨“当前的氛围”导致“许多男性对女性充满怨恨和愤怒”，他声称＃MeToo 运动“阻碍了团队合作”（*Forbes* 9/17/18）。福克斯新闻频道高级分析师布里特·休姆（Brit Hume）在推特上写道：“迈克·彭斯（Mike Pence）避免与妻子以外的女性单独相处，这一策略看起来越来越明智了”

(*Newsweek* 11/17/17)。“男人会害怕和女人一起工作,”布赖特巴特新闻网(2/14/18)警告说。据公益组织领英(LeanIn.org)报道,“男性管理者在指导女性时,变得比以前更加不舒服了”(*USA Today* 10/8/18)。

根据这种“反动修辞”,如果想让民主得以存续,就必须保护公民领域不受#MeToo 运动的影响。新兴的文化结构是反民主的;必须要远离它们,如果可能的话,直接摧毁。不能信任女人的主观性。女人正在虐待男人。#MeToo 女性很危险,她们反公民,正利用腐败的媒体机构进行政治迫害。要保护自己,受害的男性需要依靠其他公民领域机构,尤其是法律机构。只有履行正当程序——在法庭上对物证进行公正、平衡和客观的评估——才能保护男性的民主权利(《美国保守派》4/19/18; Breitbart News 2/14/18)。除非有“证据”,否则——在准科学意义上——不能宣布男性有罪。没有法律定罪,女性的故事就无关紧要,她们的声音将被压制,她们讲述的真相将被否认,她们的故事不会被人相信,只会招致怨恨。

2018 年夏末,布雷特・卡瓦诺(Brett Kavanaugh)法官和克里斯汀・布拉西・福特(Christine Blasey Ford)博士之间的对抗就是反动修辞愈演愈烈的结果。保守派意识形态拥护者已经逐渐削弱了社会化的新文化结构,然而他们还无法使其反击行动在如火如荼的左翼-右翼政治分化中彰显其意识形态的重要性。例如,在长达数月的性别对抗中,特朗普总统几乎没有被提及;特朗普或保守党运动都不是#MeToo 针对的目标。然而,当布拉西・福特指控她年轻时的熟人布雷特・卡瓦诺在一次高中聚会上对她性侵时,一切都变了。特朗普总统已经提名卡瓦诺出任最高法院大法官,如果参议院通过,这一任命将有助于保守党锁定未来几十年的多数席位。在自由民主党参议员黛安娜·范斯坦(Dianne Feinstein)的帮助下,就在共和党控制的参议院司法委员会对卡瓦诺的任命进行投票的前几天,福特公开提出控告。本来投票结果几乎毫无悬念,但福特声称卡瓦诺曾试图强奸她,这一指控引爆了一个"#MeToo 时刻",当时社会化的风头正盛,指控有可能颠覆投票结果,毁掉保守派即将取得的胜利。特朗普总统愤怒了,全国大多数共和党参议员和保守派也愤怒了。

遭受性侵害的妇女本已克服了边缘化,她们的困境引发了社会化,并在很大程度上逃脱了当代政治分化的恶劣影响。然而,在彼时彼刻,妇女普遍提升的地位遭到剥夺。2018 年 9 月下旬,保守派博客"红州"惊呼:"运动起初是为了帮助受害者,现在却成了政治武器"(RedState Blog 9/24/18)。《纽约时报》在参议院听证会的前夕报道称,"对许多保守派来说,尤其是与特朗普一样蔑视左翼、惯常使用分裂言论的白人来说,卡瓦诺法官的任命冲突已经成为反对自由主义秩序的战斗口号,他们说,自由主义秩序仇视个人权利、政治权力和社会地位"(*NYT* 9/30a/18: A23)。同一天,《纽约时报》编辑部的一位女编辑,从远离政治鸿沟的另一视角发表社论《美国欠女性什么》,提醒美国人:"布拉西博士说,她之所以分享她的故事,是出于公民责任感",并断言"现在该轮到这个国家的男人们来听我们说",这"是女性作为公民、作为人类应该享有的"(*NYT* 9/30d/18: SR8)。#MeToo 会被当成左翼批判而不被视为系统性社会问题吗?如果是这样的话,性骚扰的社会化将会受阻且不完整。

《纽约时报》在头版刊发的《卡瓦诺之战揭示＃MeToo运动的威力和局限》一文中指出，“（卡瓦诺）任命之战显示了＃MeToo运动如何影响美国生活”（*NYT* 9/30b/18：A1a）。20年前，安妮塔·希尔（Anita Hill）指控最高法院提名人克拉伦斯·托马斯性骚扰时，由全部男性成员组成的参议院司法委员会对此嗤之以鼻，深表怀疑。现在，形成鲜明对比的是，即使是最保守的参议员也对卡瓦诺的原告礼貌至极，处处赔着小心而不公开质疑她的描述，承认这就是她的“真相”。司法委员会的共和党主席应福特要求推迟了她的指定出庭日期，让她有更多时间准备。听证会当日，共和党方面请来了亚利桑那州的一名副县检察官——一位特聘女性性犯罪专家——来问询布拉西博士，以避免出现任何男性欺凌和统治的迹象。

尽管司法委员会做出这些努力来防止卡瓦诺的参议院任命落入社会化陷阱，听证会还是变成了“＃MeToo与愤怒政治的激烈冲突——席卷全国的＃MeToo文化运动与特朗普总统的共和党之间的厮杀”（*NYT* 9/27/18）。福特泪流满面地讲述了她遭受性骚扰的经历，一切看起来真实可信，堪称＃MeToo符码和叙述的典型代表，感人至深。卡瓦诺的证词，则被主流媒体描述为来自反击方的充满愤怒、苦涩和谴责的回应。

> 共和党人（已）把对布拉西博士的问询外包给了一名女律师，毕竟一个全由男性成员组成的委员会就敏感问题质询一名女性会产生偏见。但是当他们质询卡瓦诺法官时，共和党

> 人再也不能保持沉默了。他们把他当作受害者,在一个偏向女性指控的社会里遭受了不公正对待。来自南卡罗来纳州的共和党参议员林赛·格雷厄姆(Lindsey Graham)长篇大论称这些指控都是"废话",是他从政以来见过的"最卑鄙的事"。(同上)

司法委员会中共和党人占多数席位,他们批准了卡瓦诺的提名,很快在参议院占多数席位的共和党人也确认了这一提名。10月8日,当卡瓦诺宣誓就职时,总统刻意向他和他的家人道歉:"为**你们**被迫忍受的巨大痛苦和折磨"而深表歉意(*NYT* 10/24/18,黑体字强调为后加)。

共和党人虽然赢得了这场战役,却有可能输掉整场战争。继司法委员会11名共和党参议员投票批准卡瓦诺的委任的40天后,约1.13亿美国人走进投票站,参加半年一度的全国范围的国会选举。一开始特朗普试图把这次选举变成福特诉卡瓦诺案的翻版,希望保守派在参议院的胜利助攻对#MeToo运动的反击,从而抵消民主党"蓝色浪潮"[①]的威胁,帮助共和党控制众议院。《纽约时报》报道称,"曾有一段时间",总统说"这将是一场卡瓦诺式的选举,一场关乎(移民)大篷车的选举,一场关乎法律和秩序的选举,一场基于常识的选举"(*NYT* 11/7/18)。但没过多久,总统就再也不这样说了。"卡瓦诺"不是一手好牌。大多数美国人告诉民意调

① 指支持民主党候选人和民主党政策的浪潮,类似的说法还有蓝州(Blue state)或红州(Red state),分别指美国全国性选举中选民投票倾向较支持民主党或共和党的州。——译者注

查专家，他们同情的是布拉西·福特，而不是卡瓦诺，他们相信她的故事，而不是大法官的回忆（*NPR* 10/3/18）。参议院的对抗非但没有助推共和党的选举胜利，反而适得其反，不仅激怒了自由派，也激怒了中间派，使前往投票站的女性和年轻选民数量创下历史纪录。《纽约时报》称，共和党人“能以微弱优势让卡瓦诺法官获得席位”，这一点没错，但这样做反而让“部分郊区国会选区和大州州长竞选变得热闹非凡，民主党人实力大增，独立人士人数也在增加，因为在这些区域，愤怒的女性选民加入其中”（*NYT* 9/29/18）。11 月 6 日，民主党重新控制了众议院，赢得的新席位超过该党自 1974 年水门事件后大获全胜以来的任何一次选举。当选代表中有 100 多名女性（*NYT* 9/30c/18：A1b，*NYT* 11/26/18）。

职场性骚扰的社会化不会因为政治分化而受阻。♯MeToo 运动已经深深扎根于美国的集体意识中。

回归稳定态?

在本书撰写之时，正是 2018 年 11 月，职场性骚扰社会化的高潮——“♯MeToo 时刻”——尚未退潮。新传媒体继续公开叫板男性骚扰者，机构继续迫使这些权贵辞职。“卡瓦诺”事件之后，少数被指责为性掠夺者并被赶下台的男人蠢蠢欲动，试图回归主流圈，本以为能回归正常，没想到现状就是正常。他们的每一次努力都引发了暴风骤雨般的谴责。曾被 20 多名女性指控性攻击和性骚扰的加拿大广播公司前名嘴简·戈麦斯（Jian Ghomeshi）在《纽约书评》（*NYRB* 2018）杂志上发表了《就某一主题标签的反思》一文，在文中几乎毫不掩饰地博取怜悯、同情和免责请求。此文一经刊发，这本英语世界最有影响力的知识分子杂志立刻在官网引发了如潮般的批判。《纽约书评》不得不开放网络后置页，刊登愤怒的读者来信，读者纷纷表达“震惊”“极度恐惧”和“厌恶”，并解释说，对杂志作出这样一个“绝对蒙羞”的编辑决策感到“惊骇”，这个决定给该组织带来了“耻辱”(*NYRB* 10/25/18)。

> 致编辑：和许多其他读者一样，我写信是为了表达我对贵刊最近发表的戈麦斯的文章的厌恶。我从来没有在读书时体验到如此强烈的身体厌恶反应。很明显，戈麦斯仍然认为自己是受害者……天啊！老实说，你们居然刊发了该文，实在是太尴尬了。(同上，第 56 页)

《纽约书评》全体编辑为“我们的失误”(同上，第 54 页)道歉，而主编伊恩·布鲁玛(Ian Buruma)数月前刚刚被大张旗鼓地任命，现在被迫辞职(*NYT* 9/19/18)。

美国国家公共广播电台前主持人约翰·霍肯伯里(John Hockenberry)在《流放》一文中抱怨说：“我的指控人中，只有一个人回应或回答了我发自肺腑的疑问。”这又是一篇冗长的、自我沉迷的认错书，发表在《哈珀杂志》(*Harper's Magazine*)上。这篇文章立即引起争议，引发了愤怒的抵制和评判辩论(The Cut 2018)。在每周的脱口秀节目《彪马实时秀》(*Real Time with Bill Maher*)中，当红喜剧评论员比尔·马厄(Bill Maher)为因多起猥亵指控而辞去议员职务的艾尔·弗兰肯(Al Franken)辩护，质疑女性原告的可信度，并开玩笑说：“你知道，作为一名政客，情感外露带点小动作是工作的一部分。”马厄被嘲讽不谙世事(*Is It Funny or Offensive*? /是搞笑还是冒犯? 9/10/189/10/18)。喜剧演员诺姆·麦克唐纳(Norm Macdonald)告诉《好莱坞记者》:“以前是‘不可能一百个女人都在撒谎’……后来变成了‘一个女人不可能撒谎’,然后变成了‘我相信所有女人’。然后你会说,‘什么?’”(*Huffington Post* 9/12/18)。随后,麦克唐纳在《今夜秀》上的亮相被取消,他的事业也岌岌可危(CNN 9/12/18; *Vanity Fair* 9/12/18)。路易斯·C. K.——“曾经的单口相声之王,曾承认对多名女性有不当性行为”(*NYT* 10/31/18)——遭#MeToo运动羞辱一年后重返演艺圈,但他面对的是举着愤怒标语的抗议者,其中一个标语写道:“你支持路易斯·C. K.,等于在告诉女性,你的笑声比她们遭受侵犯和失去职业更重要”(同上)。

在《纽约时报》“周日评论”头版上,女权主义作家詹妮弗·韦纳(Jennifer Weiner)表达了担忧:“在过去几周里,感觉就像发令枪一声枪响,然后如噩梦一般,#MeToo男一个接一个复出了”(*NYT* 9/23/18)。现在他们竟然可以发表自己的故事,韦纳表示抗议。

> 故事非常重要。故事帮我们了解谁是真情流露,谁在吹毛求疵;谁的痛苦非同小可,谁的痛苦无关紧要;谁是英雄,谁只不过是英雄的副产品……**男人们知道如何道歉吗**?(同上,黑体字强调为后加)

“#MeToo男”想要表明回归稳定状态的时机已经成熟,但他们的种种努力恰恰证明了相反的结果。他们引发的公众反应证明了一个强大的新的性别关系在公民领域中已经存在。就像早期公民团结得以扩大来之不易一样,这次运动必须被极力呵护,以免遭受威胁,被破坏、被妖魔化甚至被世俗化。女性们讲述的真相必须被尊重。现在必须要倾听女人们而不是男人们的故事。《纽约时报》女权主义专栏作家米歇尔·戈德堡(Michele Goldberg)在评论中满腔愤怒:霍肯伯里“要求我们考虑他的痛苦和尴尬”,但“他从未真正努力解决他造成的痛苦和尴尬,从未深思他如何影响了那些为逃避他的骚扰而更换工作的女性”(*NYT* 9/16/18)。戈德堡坦率地承认,她也“为弗兰肯在参议院的失败而感到悲哀”,但她痛斥马厄“缺乏对受害女性的同情,试想受害者所敬仰的男人突然把手放在她的臀部,她是怎样的感受!”戈德堡认为,“关于#MeToo的讨论和宽恕看似永远也不会有任何结果”,这是因为“男人们并不在思考修复的路径,而是在质问女人们为什么不能宽恕他们”。事实是,不是男人遭受背叛,而是基于性别的公民团结之路正在被带偏。

回归稳定状态只是迟早问题。问题是,什么时候回归,以及这意味着什么。稳定状态难道意味着回到#MeToo运动未开启的前一天状态?这一点非常令人怀疑。社会化所产生的不仅仅是群情激奋,更是一种新的文化结构。即使一切归于平淡,回归稳定状态,#MeToo运动给我们留下的不仅有深刻的文化变革,还有重塑的组织结构。划分公民和非公民领域的界限业已改变;公民-反公民二元区分现在在判断职场性行为时显然更加民主。现在,出现了新的主角和反派形象,一种新型叙事开始讲述女英雄的故事,幸存者得以阐明真相,职场的公民团结得以扩大。

没有《热月》①中的施暴者，就没有《使女的故事》②中女仆地狱般的处境，性骚扰将加入种族主义、反犹太主义和同性恋恐惧症等行列，成为社会邪恶的主要指涉符之一，这意味着在言语或行为上一旦有上述冒犯行为，就会受到严厉指责。当然，这并不意味着此类行为已消失殆尽。它们继续存在。同理，职场性骚扰在社会化退潮之后也不会消失。只要男性继续掌握不对称的权力，他们就会有不良动机，也会有手段和机会以性的方式占女性下属的便宜。然而，当此种行为发生后，男人可能真的会受到制裁、蒙受羞辱和惩罚。社会化退潮后，性骚扰的揭露仍将此起彼伏，引发道德厌恶，引发组织和法律行动——只不过不一定以新闻头条的形式赫然出现。

第102页注释 *

这些关于哈维·韦恩斯坦丑闻的数据来自2017年10月5日对ProQuest数据库的检索。以下标题和引文按新闻来源的英文字母顺序排列：

1 "电影大亨哈维·韦恩斯坦被控性骚扰后休假"，法新社（AFP）西班牙语国际专线。

2 "电影大亨哈维·韦恩斯坦被控性骚扰后道歉"，法新社（AFP）葡萄牙语国际专线。

3 "电影大亨韦恩斯坦因被指控性骚扰而休假"，彭博通讯社。

4 "好莱坞大制片人遭性骚扰指控"，国家音频，加拿大通讯社。

5 "哈维·韦恩斯坦道歉"，加拿大电台国家新闻。

---

①《热月》（*Thermidor*）是阿根廷作家曼波·贾尔迪内里（Mempo Giardinelli）的长篇小说，也是他的代表作，被翻译成近30种语言，风靡全球，讲述的是从法国留学归来的男主角变成施暴者的故事，该小说后被改编成同名电影。——译者注

②《使女的故事》（*Handmaid's Tale*）是加拿大作家、诗人、文学评论家玛格丽特·阿特伍德的长篇小说，讲述了被迫成为生育机器的使女琼·奥芙瑞德在由男性统治的极权主义国家的遭遇，后被改编成了一部美国反乌托邦科幻戏剧电视系列剧。——译者注

6 “哈维·韦恩斯坦在性骚扰指控后离开电影制作公司”,道琼斯机构新闻。

7 “《纽约时报》揭露了哈维·韦恩斯坦的性骚扰丑闻:好莱坞性侵案”,迈阿密埃菲新闻中心。

8 “哈维·韦恩斯坦为性骚扰道歉”,金融专线。

9 “哈维·韦恩斯坦因性骚扰报道而休假”,英国《金融时报》。

10 “每日简报”,《金融时报》;伦敦。

11 “电影《网络贩卖少女》首次公映,主演伊丽莎白·霍尔姆露面但艾什莉·贾德缺席”,内城出版社;布朗克斯区。

12 “哈维·韦恩斯坦为性骚扰道歉”,国际专线。

13 “哈维·韦恩斯坦性骚扰指控后好莱坞前途未卜”,《洛杉矶时报》(网络版)。

14 “哈维·韦恩斯坦以 165 万美元抛售康涅狄格州房产”,《洛杉矶时报》(网络版)。

15 “莉娜·杜汉姆、罗丝·麦高恩为韦恩斯坦丑闻再添新证”,《洛杉矶时报》(网络版)。

16 “哈维·韦恩斯坦因性骚扰指控而休假,威胁要就此事提起诉讼”,《洛杉矶时报》(网络版)。

17 “好莱坞高管哈维·韦恩斯坦因性骚扰报道而休假”,加拿大电视台的旗舰新闻广播节目;多伦多。

18 “拉斯维加斯,哈维·韦恩斯坦,西班牙:您的周四晚间简报”,《纽约时报》(网络版)。

19 “女演员们力挺哈维·韦恩斯坦的指控者们:‘我相信你们’”,《纽约时报》(网络版)。

20 “爱站网(Mediaite):没想到哈维·韦恩斯坦也在支持他的女权主义律师丽莎·布鲁姆的新节目”,纽斯特(Newstex)贸易和工业博客。

21 “爱站网:爆炸性新闻:《纽约时报》报道指控电影大亨哈维·韦恩斯坦系列性侵”,纽斯特贸易和工业博客。

22 “爱站网:TBT:哈维·韦恩斯坦曾撰写专栏文章为儿童强奸犯罗曼·波兰斯基辩护”,纽斯特贸易和工业博客。

23 “爱站网:据称电影大亨哈维·韦恩斯坦在关于他的爆炸性新闻之前就聘请了律师”,纽斯特贸易和工业博客。

24 “爱站网:据说民主党参议员们将把哈维·韦恩斯坦的竞选捐款捐给慈善机构”,纽斯特贸易和工业博客。

25 “爱站网:《纽约时报》称哈维·韦恩斯坦自己率先提出‘按摩’究竟是何意?”纽斯特贸易和工业博客。

26 “其他意见”,PE HUB 网站。

27 “加拿大通讯社周四规划,2017 年 10 月 5 日”,加拿大通讯社;蒙特利尔。

28 “哈维·韦恩斯坦在《纽约时报》曝光后休假”,《国际银幕》;伦敦。

29 “哈维·韦恩斯坦因性骚扰报道休假”,双向[博客报道],华盛顿:美国国家公共广播电台。

30 “哈维·韦恩斯坦遭性骚扰指控后离开影业公司休假;媒体报道详述了这名制作人性骚扰的若干事例;韦恩斯坦表示他将‘正面处理此事’”,《华尔街日报》(网络版)。

31 “哈维·韦恩斯坦被爆料遭性骚扰指控并因此休假”,《华盛顿邮报-博客》(网络版)。

32 “多位举报女性指控哈维·韦恩斯坦性骚扰”,《华盛顿邮报-博客》(网络版)。

33 “哈维·韦恩斯坦和民主党成员与好莱坞魔鬼的交易:哈维·韦恩斯坦提醒我们,好莱坞与自由主义的关系深陷矛盾的泥沼,是自由派理想的失败”,《华盛顿邮报-博客》(网络版)。

人们可能会认为,ProQuest 数据库无法收集到以 10 月 5 日《纽约时报》报道为主题的所有媒体报道。例如,所选择的文章并不反映美国电视和电台对此事的报道。但这份名录确实表明了对性侵事件的快速接受程度,包括国际市场上的翻译以及对故事的深入报道。深入报道是基于原始报道之上的一种拓展策略,这样可以避免重复的声音,还可以发现“新”视角等。这些角度包括:阐述自由主义虚伪性的社论;民主党立即与韦恩斯坦保持距离,将其竞选捐款转而捐给慈善机构;不管男演员还是女演员立即表示赞同和支持韦恩斯坦的指控者们。

第 124 页注释 *

这项粗略的调查显示了 2017 年 10 月 5 日至 2018 年 5 月 23 日之间致歉和不致歉名单,按时间顺序罗列,职务也有所记录:

致歉名单:

1 10 月 5 日:哈维·韦恩斯坦(Harvey Weinstein)——电影制作人,米拉麦克斯影业公司的联合创始人

2 10 月 10 日:本·阿弗莱克(Ben Affleck)——演员、电影制作人

3 10 月 17 日:克里斯·萨维诺(Chris Savino)——尼克国际儿童频道(Nickelodeon)的制作人

4 10 月 19 日:洛克哈特·斯蒂尔(Lockhart Steele)——沃克斯媒体集团(Vox Media)编辑总监

5 10 月 21 日:约翰·贝什(John Besh)——知名厨师,贝什餐饮集团首席执行官

6 10 月 24 日:莱昂·维塞尔梯尔(Leon Wieseltier)——《新共和》编辑

7 10 月 25 日:奈特·兰德斯曼(Knight Landesman)——《艺术论坛》出版商

8 10 月 26 日:肯·贝克——《E! News》记者

9 10 月 26 日:马克·霍尔珀林(Mark Halperin)——微软全国广播公司节目(MSNBC)政治分析家,《规则改变》的合著者

10 10 月 29 日:凯文·史派西(Kevin Spacey)——演员

11 10 月 30 日:汉密尔顿·菲什(Hamilton Fish)——《新共和》总裁、出版商

12 10 月 31 日:迈克尔·厄勒克斯(Michael Oreskes)——美国国家公共电台(NPR)首席编辑

13 11 月 1 日:达斯汀·霍夫曼(Dustin Hoffman)——演员

14 11 月 1 日:杰夫·胡佛(Jeff Hoover)——肯塔基州众议院议长

15 11 月 16 日:艾尔·弗兰肯(Al Franken)——美国参议员(明尼苏达州)

16 11 月 20 日:查理·罗斯(Charlie Rose)——美国公共广播公司(PBS)和哥伦比亚广播公司(CBS)主持人

17 11 月 20 日:格伦·斯拉什(Glenn Thrush)——《纽约时报》白宫记者

18 11月21日:约翰·拉塞特(John Lasseter)——皮克斯和迪士尼的动画总监
19 11月29日:马特·劳厄尔(Matt Lauer)——美国全国广播公司《今日新闻》(早间节目)主持人
20 12月1日:鲁本·基胡恩(Ruben Kihuen)——美国众议院议员(内华达州)
21 12月11日:雷欧·巴塔利(Mario Batali)——电视明星和著名厨师
22 12月13日:摩根·斯普尔洛克(Morgan Spurlock)——好莱坞导演
23 12月18日:亚历克斯·科辛斯基(Alex Kozinski)——加州联邦法院法官
24 1月2日:丹·哈萌(Dan Harmon)——《废柴联盟》(*Community*)、《瑞克和莫蒂》(*Rick and Morty*)的创作者
25 1月5日:本·沃伦(Ben Vereen)——托尼奖获奖演员
26 1月11日:詹姆斯·弗兰科(James Franco)——演员
27 2月21日:丹尼尔·汉德勒(Daniel Handler)——作家,笔名为莱蒙尼·斯尼克特(Lemony Snicket)
28 3月5日:谢尔曼·阿列克谢(Sherman Alexie)——美国原住民作家
29 3月29日:约翰·克里法鲁西(John Kricfalusi)——《莱恩和史丁比》(*The Ren & Stimpy Show*)的创作者
30 5月4日:朱诺特·迪亚兹(Junot Diaz)——作家,麻省理工学院创意写作教授

不致歉名单:

1 10月12日:罗伊·普莱斯(Roy Price)——亚马逊高管
2 10月22日:詹姆斯·托贝克(James Toback)——作家兼导演
3 10月23日:特里·理查德森(Terry Richardson)——时尚摄影师
4 10月30日:杰里米·皮文(Jeremy Piven)——演员
5 10月31日:安迪·迪克(Andy Dickn)——喜剧演员
6 11月1日:布莱特·拉特纳(Brett Ratner)——电影制作人
7 11月3日:大卫·纪尧德(David Guillod)——Primary Wave 娱乐公司联合首席执行官
8 11月7日:艾德·维斯特维克(Ed Westwick)——演员,曾出演《绯闻女孩》
9 11月8日:杰弗利·坦鲍(Jeffrey Tambor)——演员
10 11月9日:路易斯·C. K. (Louis C. K.)——喜剧演员
11 11月9日:罗伊·摩尔(Roy Moore)——阿拉巴马州法官、政客,美国参议院候选人(阿拉巴马州)。
12 11月9日:马修·韦纳(Matthew Weiner)——电视剧《广告狂人》的创作者
13 11月16日:加里·戈达德(Gary Goddard)——戈达德集团(Goddard Group)首席执行官,佐治亚州水族馆和佐治亚州六旗主题公园怪兽种植园等景点的幕后创建者
14 11月16日:埃迪·贝根扎(Eddie Berganza)——DC漫画公司(DC Comics)的编辑
15 11月16日:安德鲁·克雷斯伯格(Andrew Kreisberg)——电视剧《绿箭侠》(*Arrow*)、《超级少女》(*Supergirl*)和《闪电侠》(*The Flash*)的执行制片人

16　11 月 20 日:约翰・科尼尔斯(John Conyers)——美国参议员(密歇根州)
17　11 月 22 日:尼克・卡特(Nick Carte)——后街男孩演唱组成员
18　11 月 29 日:加里森・凯勒(Garrison Keillor)——电台节目《草原家园指南》的创作者和前主持人
19　11 月 30 日:拉赛尔・西蒙斯(Russell Simmons)——企业家,街头教父唱片公司(Def Jam Recordings)的联合创始人
20　12 月 6 日:沃伦・穆恩(Warren Moon)——美国国家足球联盟名人堂四分卫,Sports 1 Marketing 联合创始人兼总裁
21　12 月 11 日:瑞安・利扎(Ryan Lizza)——《纽约客》驻华盛顿记者
22　12 月 11 日:唐纳德・特朗普(Donald Trump)——美国总统
23　12 月 15 日:吉恩・西蒙斯(Gene Simmons)——KISS 乐队的贝斯手
24　1 月 5 日:保罗・哈吉斯(Paul Haggis)——奥斯卡获奖导演和编剧
25　1 月 9 日:斯坦・李(Stan Lee)——漫威漫画前总编、发行人、董事长
26　1 月 13 日:阿齐兹・安萨里(Aziz Ansari)——演员、喜剧人
27　1 月 13 日:马里奥・特斯蒂诺(Mario Testino)——摄影师
28　1 月 14 日:布鲁斯・韦伯(Bruce Weber)——摄影师
29　1 月 16 日:希尔(Seal)——歌手
30　1 月 18 日:迈克尔・道格拉斯(Michael Douglas)——演员
31　1 月 25 日:大卫・科波菲尔(David Copperfield)——魔术师
32　1 月 27 日:斯克特・拜奥(Scott Baio)——演员
33　2 月 1 日:保罗・马西亚诺(Paul Marciano)——盖尔斯(Guess)品牌联合创始人
34　2 月 2 日:文森特・奇林乔内(Vincent Cirrincione)——明星经纪人
35　2 月 16 日:帕特里克・德马舍利耶(Patrick Demarchelier)——摄影师
36　2 月 16 日:格雷格・卡德尔(Greg Kadel)——摄影师
37　2 月 16 日:安德烈・帕索斯(Andre Passos)——摄影师
38　2 月 16 日:塞思・萨巴尔(Seth Sabal)——摄影师
39　2 月 16 日:大卫・贝勒梅(David Bellemere)——摄影师
40　2 月 22 日:菲利普・伯克(Philip Berk)——好莱坞外国记者协会前主席
41　2 月 28 日:杰夫・富兰克林(Jeff Franklin)——美国情景喜剧《欢乐再满屋》(Fuller House)的前制片人
42　4 月 4 日:尼古拉斯・尼克松(Nicholas Nixon)——前摄影师,麻省艺术与设计学院教授
43　5 月 7 日:埃里克・施奈德曼(Eric Schneiderman)——纽约州总检察长
44　5 月 23 日:摩根・弗里曼(Morgan Freeman)——演员

致歉比例:30/74=40.5%,不致歉比例:44/74=59.5%

第八章　结束语:社会化理论

本书中讨论的各种紧张关系和社会危机,已有大量的社会科学文献阐述过,其中大部分以现实主义写法解释因果关系。社会问题的社会反应,被认为是对客观、实际存在的紧张关系的反应。其论点是,机构紧张关系引发社会反应无须媒介,这种媒介即我在前文中描述的相对独立的文化和公民领域机构。换言之,社会科学危机理论几乎完全聚焦在机构内部。希尔加特纳和博什科(Hilgartner and Bosk 1988: 58)坚持认为,"社会问题的集体定义并不局限于某个模糊的位置,比如社会或公众舆论。"相反,它发生在"多个场所"内,"如果某一个机构出现问题,它很可能会波及其他机构"(同上,第67页)。

社会问题是机构产生的,反应是真实的,其因果逻辑是紧张关系引发社会反应。那么,媒体会不会引发社会危机?当然会,因为"新闻欺骗"的"做法"已经存在(Lasora and Dai 2007: 190)。"新闻的可信度”是个问题吗? 当然,因为“新闻犯罪”已成为事实(Dickinson 2010: 2;也可参见 Fenton 2012)。一位英国学者解释说,电话窃听危机源于新闻私有化导致“透明度和问责制”式微(Fenton 2012: 3);另有学者将其归咎于“事实与虚构”之间的界限日益模糊(Emmot 2011: 26 - 29)。对金融危机的调查也提出了类似的观点(如:Berberoglu 2011; MacKenzie 2011; McCloud and Dwyer 2011; Moosvi 2010; Treas 2010; Williams 2008)。《社会学年鉴》上一篇关于 20 世纪 80 年代储蓄和贷款危机的文章指出,自变量由之前的工业经济组织向后工业经济组织转变(Calavita, Tillman, and Pontell 1997);《定性社会学》上有一篇文章叙述了“金融市场及其引发的经济事件的理念基础”(Ailon 2012: 252)。同样,在对教会恋童癖危机的社会科学调查中,社会科学家将责任归咎于“中世纪的教会君主模式”(Wilkes 2002: 105)、“牧师独身主义”(O'Conaill 1995)、僵化的官僚主义(Barth 2010: 780 - 781)、孤立的精英阶层(Doyle 2006: 194)和第二次梵蒂冈大公会议(Vatican II)改革的反转(Carroll 2002: 115)。[①]

我对这类社会科学文献不满,不是因为这些文献对机构内紧张关系的阐述,而是因为这些文献将紧张关系与稳定状态假定为反比关系——紧张关系越多,稳定状态便越少。法恩主张“丑闻代表着对机构信任的违背”,他断言,丑闻“必须被置于机构内部解决”(Fine 1997: 297 - 298)。而我的论点正好相反。稳定状态并不

① 在我写作本书时,几乎没有对 # MeToo 运动的述评,因此我没有分析相关社会科学文献。

是机构内紧张关系的直接结果，而是机构外部介入的集体表征的结果。社会科学必须削弱紧张关系和社会反应之间的假定关系。产生社会危机的不是紧张关系，而是社会化过程(societalization)，一个由文化逻辑和媒介表征(media representation)引发的过程。

正是认识到媒介表征角色的独立性，近几十年才出现了丑闻社会学。甘姆森(Gamson 2001：197)认为，性丑闻更多地关注“虚伪、鲁莽和道德沦丧”，而非关注性行为本身；汤普森(Thompson 1997：39)认为，“特定价值观、规范和准则的违背行为”确实存在。然而，丑闻社会学并没有将这种文化准则的独立道德力量加以理论化，而是将媒介表征工具化。汤普森(Thompson 1997)将丑闻道德的愤慨表述与社会资本和领域地位间的争夺联系在一起，与布迪厄(Bourdieu 1998)的主张——新闻业只关心其自身的“本体论美化”——相呼应。甘姆森认为，丑闻之所以产生，是因为它们为严肃新闻“解决问题”，使它们能够将软新闻变成硬新闻，从而与小报一争高下(Gamson 2001：198)。对于金融丑闻的新闻报道，威廉斯称“媒体报道”仅仅是“金融市场话语大背景下的子模式”(Williams 2008：488)。卡文德、格雷和米勒在描述当代标志性丑闻事件的电视听证会时，将其斥为“使国会和经济体系看似合法化的戏剧表演”(Cavender，Gray&Miller 2010：253)。阿杜特声称，丑闻制造宣传只是对“第三方成本”的回应，并解释说“对外部效应的……期待，**毫无疑问**，是战略性制造丑闻的主要初始动机”(Adut 2005：231，黑体字强调为后加)。阿杜特将丑闻描述为“一个公开进行战略互动的偶发事件”(同上)，认为当“政治人物……面对有利的激励和机会时”，往往为了获得“地位提升”而陷入丑闻(Adut

2004：532)。因为"至少从表面判断，那些参与其中的人是自私的"(Adut 2012：241)，他还解释道，"丑闻几乎不涉及公民或公民辩论"，但是，"肮脏的丑闻却污染公共生活"，只会"给机构抹黑"(同上)。

丑闻社会学的特征是简化论(reductionism)，简化论的根源追溯到马克思、布迪厄和韦伯的唯物主义，再到实用主义的"情境主义"(situationalism)(Norton 2014b)。说前者是根源不足为奇，毕竟，曼恩赞许地将其界定为"组织唯物主义"的就是丑闻社会学的全部内容(Mann 1993：52)。但是说实用主义是工具性的、机械化的简化论的另一根源，就颇令人费解，因为正是从象征互动主义(symbolic interactionism)中诞生了首个反现实主义方法，以研究社会学中的社会问题。贝克尔认为，半个多世纪前，"异常行为不是个人行为的特质，而是他人实施规则和制裁的结果"(Becker 1963：9)。布鲁默在其后来的声明中坚持认为，"社会问题从根本上来说是集体定义的产物，而不是作为一套客观的社会协议的独立存在"(Blumer1971：298)。斯佩克特和基特苏斯随后引入了"建构社会问题"这一概念(Spector and Kitsuse 1977)，这是一种"强调意义甚于事实"的方法(Harris and Best 2013：293)。

对社会问题的研究，建构论方法坚持感知性、主观性和可塑性，我在此提出的社会化模式在体系上与之有相似之处。这两种方法的根本不同之处在于预期(anticipation)，而不是预兆(adumbration)(Merton 1968)。建构论路径后来为什么又走不通了？简而言之，建构论的"微观聚焦"(micro-focus)是罪魁祸首：它不愿承认文化结构是社会事实；它拒绝使用社会领域、机构精英和社会权力的语言；它反对社会这个概念本身(例如 Fine 1996)。由于这些缺陷被广泛诟病，于是学者们转而寻求中观和宏观方法，进而导致实用主义关注物质结构而非文化结构，仅仅关注政治的定义过程以及“结构分析”(Adut 2008：23；参见 Fine 1997：299)。

道德恐慌模型(moral panic model)是实用主义对互动主义的自我批判的理论高点，它驳斥了将丑闻定性为“意识形态剥削”的道德焦虑强化论，将象征主义描述为“夸张和扭曲”，将社会戏剧定义为“社会控制”和“地位贬低”，并将新闻界的愤怒斥为“捏造的新闻”(Cohen 1972：141，43，106，44)。相对于文化语用学(Alexander，Giesen，and Mast 2006)，这种对互动局限性的过激反应，如同将孩子与洗澡水一起泼掉。为了避免文化转向，他们驶入了丑闻社会学的死胡同。“揭露和批判”(Cohen 1972：204)可能是出色的政治伎俩，但是要构建出色的社会学，需要的远不止这些(见 Thompson 1998：9－10 及其他各处)。

对社会化这一概念的理论抵制不仅仅是一个微观社会学问题。除了后期的涂尔干传统(Durkheimian tradition)，宏观社会学对“社会”作为社会事实的论述也令人惊讶地少得惊人。现代性(modernity)被广泛理解为将传统社会的整体性分解成很多子领域：经济、宗教、家庭、法律、公众、媒体、学校、阶级、种族、国家和民族——而这些子领域本身又可以被无限细分下去。用功能主义的话说，现代社会系统不断分化，不断专业化，最终分解成相互合作的、相互作用的子系统。用冲突理论的话说，功能分化产生了交战的精英、斗争的阶级以及支配与被支配者间的纷争，因此不断塑造和再造机构内部的便利联盟(coalitions of convenience)。

这些纷繁的社会理论持有一个共同的观点：以现代性的视角

观之,超越独立组织的部分之上的整体性已经消失。一旦社会整体性道德让位于各独立领域的内部逻辑,要解释这种分离性并追踪由此出现的冲突和互补的历程,这一任务就落在了社会理论身上。马克思(Marx 1962 [1867])认为,在资本主义制度下,经济领域获得的独立性过大,以至于会支配其他所有领域。斯宾塞(Spencer 1972)的观点则相反,当代现代性的特征是各领域的分化及功能互补。而涂尔干(Durkheim 1984 [1893])则认为,集体意识在原则上可以调节社会分化,但在其中期著作的理论建构过程中,他很少明确此类调节机制;他认为,在他所处的现代环境中,领域内部紧张关系不受控制,利己主义和无规范状态占据了主导地位(Durkheim 1984 [1893]: Book III; 1966 [1897])。韦伯认为,正是现代性导致了相互冲突且无法通约的各领域,致使各种价值、各类机构不再趋同,而呈离散状态(Weber 1958a [1946])。而帕森斯认为,专业子系统间的文化和物质互换引发跨机构边界互动,并坚持认为文化融合抵消了不同领域间的冲突(Parsons and Smelser 1956)。卢曼则认为社会领域完全能够自我调节,社会危机纯属子虚乌有(Luhmann 1982)。布迪厄虽然强调了社会各领域日益增长的自主性,但又将自主性与领域内对绝对控制权的争夺联系起来,并将自主性与无所不在的经济领域分工混为一谈(Bourdieu 1993)。波尔坦斯基与泰弗诺认识到机构边界位置的转移,但认为领域间的关系是各参与者围绕特定的领域逻辑展开的微观谈判(Boltanski and Thévenot 2006)。

这里提出的社会化模型挑战了这种被广泛认同又存在巨大分歧的宏观社会学的观点。* (注文见第 147 页)尽管现代性有种种缺陷,但也正因为现代性,“社会”仍然是一个充满活力的话语存在和制度存在。一个广泛的公民领域的存在,能够挑战其他各独立领域的特殊话语和制度要求。公民社会的话语是乌托邦式的、呼吁团结的,而公民领域的媒体和监管机构有能力跨越边界,将这种道德语言投射到各分领域之内,并对其进行有力重塑。

然而,这些只是公民领域的能力范畴,而不是功能上的必然。各领域间彼此关联又相互对抗;各领域追求自己的利益,而不是追求假定存在的一些互补。稳定状态的表象掩盖了紧张关系,将冲突隐藏在机构的内墙里。当公民代理人利用媒体和监管手段来打破这些隔离障碍时,其结果不是互惠,而是对抗,最终导致领域之间的战争。公民修复大有可能,反击势在必行,僵持也不可避免。紧张状态界定了边界关系,而危险的反公民操作也会长期存在于各独立领域。社会化并不能修复各领域的内部功能及其相互关系,因此无法杜绝新的危机再次发生。机构利益和文化的根本分歧依然存在。在大萧条时期,尼布尔认识到“政治关系中的公正(justice)取决于权力平衡”,他告诫说“即使是最富有想象力的政策也无法实现完美的公正”(Niebuhr 1934: 243)。二战后,阿隆同样挑战了关于进步的乌托邦式的叙述,将精英们之间的混战描述为民主现代性的一个永久特征(Aron 1950a, 1950b)。20 世纪 60 年代后,华尔兹论述了多领域而非单领域的公正(Walzer 1984)。

社会愤怒奔涌而来,但也会退潮。然而,即使社会化看似消隐,重归稳定表象,公民领域仍然暗潮涌动,随时准备再次喷发。社会化唤醒了柏拉图所说的正义记忆。对于哲学家来说,正义是人类与生俱来的一种理想化形式，也是共和政体效仿的对象。而对于社会学家来说，正义记忆并非是与生俱来的，而要靠人来书写。

第 145 页注释 *

当然，这种宽泛的描述不包括其他含糊其辞的、特别修改的类别，这些类别总是遮蔽了普遍理论，且引发敏锐的支持者的不断修订。葛兰西关于文化霸权的观点反驳了马克思主义关于经济支配的正统主张（Gramsci 1971）。本迪克斯（Bendix 1962）强调形式正义和实质正义的交替，质疑了韦伯关于法律自治中道德挑战的怀疑论（参见 Friedland 2009）。斯梅尔塞（Smelser 1959，1963）关注紧张关系、冲突水平、道德泛化和社会运动，挑战了更为正统的功能主义关于领域间相互作用和稳定状态的理解。戈德堡（Goldberg 2013）认为布迪厄的后期作品对公民领域普遍性的领域间效应持开放态度。格尔斯基（Gorski 2013）和汤斯利（Townsley 2011）将领域自治与经济支配分开，以凸显相对独立的文化进程的作用。把韦伯说成是冲突论者而不是文化理论家，也过于笼统。然而，即便是韦伯，他在《宗教对世界的排斥及其方向》（"Religious Rejections of the World and Their Directions"，1958 [1946]）一文中——这是他在宗教社会学论文集中所附的一篇隐晦的、引人入胜的、非比寻常的导言——提出的现代性观点也是支离破碎，以至于它的各种价值领域根本无法通约。

无论是从更唯物主义的角度还是从更文化的角度来解释，学者们基本达成共识：韦伯强烈抵制"社会"在现代性中发挥集体道德力量的观点。斯维德伯格（Swedberg 2005：254）写道："虽然韦伯偶尔会使用'社会'这个术语……但'社会'在他的普通社会学中不发挥任何作用，而且在《经济与社会》第一章所列的'基本社会学术语'中也没有该词。"斯维德伯格还引用了弗里斯比和赛耶（Frisby and Sayer 1986：68）的断言——"虽然他的一部主要作品被称为《经济与社会》，但它没有讨论……'社会，更确切地说是行动或社团共同体的社会倾向，这与出于团结动机的行动形成了对比'"，并引用了卡尔博格（Kalberg 1985：63）的论点——"值得注意的是，韦伯在《经济与社会》中只在两个场合使用了'社会'（Gesellschaft）一词，且两次都打了引号。"韦伯借鉴了托恩尼斯（Toennies）的观点，但同时又与后者有所区别，他确实引入了"vergesellschaftung"（共同体）一词（Weber 1978：21 ff.），这个德语阳性名词在英语中没有任何对等词，但被广泛翻译为"association"（联合），这与韦伯对"vergemeinschaftung"概念的诠释大相径庭："如果且只要社会行动的方向……是基于相关方的一种属于彼此的主观感觉，无论这种感觉是情感上的还是传统意义上的，那么这种社会关系将被称为'团体的（communal）'（Vergemeinschaftung）。如果且只要社会行动的方向……基于一种理性目的的利益调整，那么这种社会关系将被称为'联合的(associative)'(Vergesellschaftung)"(同上，40－41)。韦伯(1978：41)将*Vergesellschaftung*(共同体)与更现代、不太传统的行动形式联系在一起，例如，"理性的自由市场交换构成了对立但互补的利益的妥协"和"基于自身利益[和]促进其成员的特殊的内隐的经济利益或其他利益的自愿联合"。具有讽刺意味的是，沃尔克・施密特，作为尼克拉斯・卢曼(Niklas Luhmann)的当代追随者，实际上将"*Vergesellschaftung*"翻译为"社会化"，将后者等同于"建立在相互利益和/或团体关系中的重要关切基础之上的系统关系，这种关系给人一种亲密感和归属感"(Volker Schmidt 2014：25)，这也从理论上说明我的宽泛描述不无道理。我引入了社会化的概念，但其目的截然不同，我要展示当代社会中的归属感和团结感具有持续相关性，提示现代亲密感以公民的普遍化形式呈现，而不是传统主义和特殊主义形式。涂尔干理论的意义也一直备受争议。直到20世纪后期，涂尔干在19世纪90年代的主要出版物——《社会分工论》(Durkheim 1984［1893］)、《社会学方法的规则》(Durkheim 1966［1895］)和《自杀论》(Durkheim 1966［1897］)一直被广泛认为构成了他对现代性的理解。前两部书是涂尔干对斯宾塞(Spencer)将现代性等同于功能和机构分化这一观点的补充，虽然他自己也承认，如在《社会分工论》第二部第七章中指出，仍有些观点认为**集体良知**(*conscience collective*)促成现代性之前的、机械式的团结。《自杀论》将现代性描绘成分化和自我主义的横行。然而，近几十年来，学者们(如Alexander 1982；Smith and Alexander 2005；Fournier 2012)将涂尔干中期作品与后期作品进行了对比，发现中期作品强调机构分化，而后期开始"文化转向"。这一转向在他1912年首次出版的关于原住民宗教的作品《宗教生活的基本形式》中达到顶峰。中期作品对具有"晚期涂尔干主义"色彩的20世纪社会学——关于符号、仪式、团结和集体欢腾，影响甚微。对机构分化的强调被认为是原始社会人类学的基础，而不是现代性社会学的基础。相比之下，当代文化社会学，特别是建立在晚期涂尔干思想的基础上，已经发展出一种更富有成效的方法来研究当代现代性，这种方法超越了非此即彼，将分裂、团结、冲突和融合之间的紧张关系概念化。只有在晚期的涂尔干作品那里，在奠定了当代文化社会学基础的宗教著作中，我们才能发现现代性视角，这种视角意识到了社会整体性的持续脉动。文化社会学的"强范式"(Strong Program)(https://ccs.yale.edu/strong-program；Alexander and Smith 2018)将晚期涂尔干思想与符号学、后结构主义、符号人类学、文学理论、美学和运作研究等后续发展联系起来。以社会学的方法来研究符号、代码、团结和叙事的持续作用，这种文化社会学(参见Lamont 2000，Zelizer 1985)重构了现代性，使用以意义为中心的理论和方法，一方面诠释韦伯和马克思都关心的"现代主义"核心问题——冲突、支配和排斥，另一方面探究平等和融合的可能性。特纳的社会戏剧模型(如Turner 1982)是晚期涂尔干研究与当代冲突与和解研究(如Wagner-Pacifici 1986，Edles 1998)之间的关键纽带，它勾勒了本书中呈现的社会化模型的雏形。它描述了一个从违背到危机，再到补救，然后重新整合或分裂的时间序列过程。本研究的方法与特纳的模型不同之处在于，本研究强调偶然性、文化代码、媒体和监管机构以及公民团结性，而不是与之形成对比的社群(*communitas*)。特纳从功能性而非文化性的角度来看违背(breach)，未能将事件问题化，而是从仪式理论的角度来看社会戏剧化事件，视之为"所有群体的发展周期”中所固有的一个“全阶段结构(full phases structure)”(Turner 1982：75,78)，而非表演成就。对特纳来说，危机是自然序列中的一个阶段。相反，从表演理论(performance theory)的文化-实用主义角度来看，危机是文化-机构斗争的偶然结果。由于特纳的社会-戏剧性危机理论未能认识到社会表演要素的日趋强大的消解作用(Alexander，2011)，因此未能将社会危机理解为对紧张关系的突发的、可变的、受文化和机构制约的反应。

参考文献

原始文献

教会恋童癖

Belfast Telegraph. December 21，2010. “Pope's child porn‘normal’ claim sparks outrage among victims.” http://www. belfasttelegraph. co. uk/news/world-news/popersquos-child-porn-normal-claim-sparks-outrage-among-victims-15035449. html.

Boston Globe. January 6，2002. “Church allowed abuse bypriest for years.” https://www. bostonglobe. com/news/special-reports/2002/01/06/church-allowed-abuse-priest-for-years/cSHfGkTIrAT25qKGvBuDNM/story. html.

Boston Globe. January 7，2002. “Amy Welborn's blog.” http://www. amywelborn. org/2002/01/must-read-article-from-boston-globe. html.

Boston Globe. January 17，2002. “AG wants church to report past abuse,” Pfeiffer，Sacha and Kevin Cullen.

Boston Globe. January 31, 2002. "Scores of priests involved insex abuse cases." https://www.bostonglobe.com/news/special-reports/2002/01/31/scores-priests-involved-sex-abuse-cases/kmRm7JtqBdEZ8UF0ucR16L/story.html.

Boston Globe. March 14, 2002. "Ex-Mass. bishop accused of ignoring abuse in NYC." Rezendes, Michael.

Boston Globe. May 12, 2002. "Scandal erodes traditionaldeference to church." Cullen, Kevin. https://www.bostonglobe.com/news/special-reports/2002/05/12/scandal-erodes-traditional-deference-church/mPLNp1BFouhbpWJu9zjYxL/story.html.

Boston Globe. November 23, 2002. "Church tries to block publicaccess to files." Rezendes, Michael and Walter V. Robinson. https://www.bostonglobe.com/news/special-reports/2002/11/23/church-tries-block-public-access-files/WG9WXHzF2WQuN6tCT4fy7L/story.html.

Boston Globe. December 1, 2002, p. A26. "Battle over files intensifies, law firm seeks court inquiry on compliance." Michael Rezendes.

Boston Globe. December 4, 2002. "More clergy abuse, secrecy cases." https://www.bostonglobe.com/news/special-reports/2002/12/04/more-clergy-abuse-secrecy-cases/O5QkXOZG73XodD0X5hcPzJ/story.html.

Lawlor, Philip E. 2002. "Editorial: Attitudes that must die." Bishop Accountability.org. https://www.bishop-accountability.org/resources/resource-files/media/attitude-pf.htm.

National Public Radio. January 11, 2007. "The aftermath: The church responds." Martin, Rachel. https://www.npr.org/series/6819690/scandal-in-the-church-five-years-on.

New York Times. March 28, 2002, p. A26. "For the faithful, trying to reconcile morality and scandal." Cohen, Patricia.

New York Times. April 20, 2002, p. A1. "For 2 decades, in 3countries, priest left a trail of sex abuse." Murphy, Dean E. and Juan Forero.

New York Times. June 14, 2002, p. A1. "Abuse victims lay blame at feet of Catholic bishops." Goodstein, Laurie.

New York Times. April 3, 2010, p. WK 11. "Devil of a scandal."

Dowd, Maureen.

New York Times. April 30, 2010, p. A4. "In abuse crisis, a church is pitted against society and itself." Donadio, Rachel.

New York Times. July 2, 2010, p. A1. "Amid sexual abuse, an office that failed to act." Goodstein, Laurie and David M. Halbfinger.

New York Times. August 15, 2011, p. A12. "Bishop in Missouri waited months to report priest, stirring parishioners' rage." Goodstein, Laurie.

New York Times. June 16, 2015, p. A4. "Vatican sets trial in July for ex-envoy to Caribbean." Goodstein, Laurie.

New York Times. January 10, 2016. "Pope Benedict's brother sayshe was unaware of abuse." Eddy, Melissa. https://www.nytimes.com/2016/01/11/world/europe/pope-benedicts-brother-says-he-was-unaware-of-abuse.html.

New York Times. February 6, 2016. "Church confronts abusescandal at a famed German choir." Eddy, Melissa. https://www.nytimes.com/2016/02/07/world/europe/church-confronts-abuse-scandal-at-a-famed-german-choir.html.

New York Times. March 1, 2016, p. A6. "Australian Inquiry PutsPapal Aide on Defensive." Elizabeth Povoledo.

New York Times. June 29, 2017, p. A7. "Cardinal, an Adviserto the Pope, Faces Charges of Sexual Assault in Australia." Jacqueline Williams.

New York Times. July 7, 2017. "The Vatican's failure in the abuse scandal." https://www.nytimes.com/2017/07/07/opinion/pope-francis-catholic-church-sexual-abuse.html.

New York Times. July 11, 2017, p. A5. "Cardinal George Pell returnsto Australia, charged with sexual offenses." Baidawi, Adam.

New York Times. July 18, 2017. "'Culture of silence' abetted abuseof at least 547 German choir boys, inquiry finds." Eddy, Melissa. https://www.nytimes.com/2017/07/18/world/europe/germany-sexual-abuse-boys-choir.html.

New York Times. July 26, 2017. "Defrocked priest is about to be freed amid renewed fury." Seelye, Katherine Q. https://www.nytimes.com/2017/07/26/us/boston-priest-paul-shanley-sex-abuse.html.

New York Times. January 18, 2018, p. A4. "Sexual abuse scandalcasts a pall on the pope's visit to Peru." Rochabrun, Marcelo and Andrea Zarate.

New York Times. January 20, 2018a, p. A10. "Pope leaves a furor in Chile, and later defends the indigenous in Peru." Rochabrun, Marcelo and Pascale Bonnefoy.

New York Times. January 20, 2018b, p. A22. "The pope causespriests' victims more pain." Editorial.

New York Times. January 23, 2018, p. A4. "Pope apologizes to abuse victims, but then again doubts claims." Horowitz, Jason.

USA Today. April 22, 2002a, p. 1D. "What's ahead for the church." Grossman, Cathy Lynn.

USA Today. April 22, 2002b, p. 6D. "Now is the time to talk." Grossman, Cathy Lynn.

USA Today. April 24, 2002, p. 9D. "Pope's comments draw mixed reviews." Grossman, Cathy Lynn.

USA Today. January 8, 2004, p. 5D. "Religious orders to conduct own audit." Grossman, Cathy Lynn.

USA Today. November 18, 2004, p. 4A. "Catholic bishops have had 'very tough time' new US leader says." Grossman, Cathy Lynn.

USA Today. February 21, 2005, p. 4D. "Studies assess the costs of clergy sex abuse scandal." Grossman, Cathy Lynn.

Wall Street Journal. January 18, 2002, p. W13. "Houses of worship: Abuse on trial." Molineaux, Charles.

Wall Street Journal. March 18, 2002, p. A18. "Unfruitful works of darkness." Bennett, William J.

Wall Street Journal. April 18, 2002, p. A13. "The church needs to be strong, but modern and responsive." Hunt, Albert R.

Wall Street Journal. April 26, 2002, p. A10. "The church and its critics."

Wall Street Journal. June 13, 2002, p. A4. "Americans distrust institutions in poll: Low marks go to corporate executives, brokers, drug and oil companies, the Catholic Church." Harwood, John.

金融危机

American Enterprise Institute. December 27, 2011. "Why the left is losing the argument over the financial crisis." Wallison, Peter and Edward Pinto. http://www.aei.org/publication/why-the-left-is-losing-the-argument-over-the-financial-crisis.

Competitive Enterprise Institute. June 21, 2012. "Dodd-Frank unconstitutional power-grab, says new lawsuit." Hall, Christine.

https://cei. org/content/dodd-frank-unconstitutional-power-grab-says-new-lawsuit.

Financial Times. January 30, 2009, p. 6. "Obama attacks 'shameful' Wall Street." Guerrera, Frances and Andrew Ward.

Financial Times. December 24, 2009, p. 7. "Master of risk who didgod's work for Goldman Sachs but won it little love." Gapper, John.

New York Magazine. May 22, 2010. "Obama is from Mars, Wall Street is from Venus." Heilemann, John. http://nymag.com/news/politics/66188.

New York Times. September 15, 2008a, p. A1. "Bids to halt financial crisis reshape landscape of Wall Street." Sorkin, Andrew Ross.

New York Times. September 15, 2008b, p. A1. "Financial crisis reshapes Wall Street's landscape; Merrill is sold; failing to find buyer, Lehman Bros. is set to wind down." Anderson, Jenny, Andrew Ross Sorkin, and Ben White.

New York Times. September 18, 2008. "Bush emerges after days of financial crisis." Goldberg, Sheryl Gay.

New York Times. September 19, 2008, p. A1. "Political memo: Dazed capital feels its way, eyes on the election." Calmes, Jackie.

New York Times. October 6, 2008. "Lehmann managers portrayed as irresponsible." Becker, Bernie and Ben White http://www.nytimes.com/2008/10/07/business/economy/07lehman.html.

New York Times. October 23, 2008. "Greenspan concedes error on regulation." Andrews, Edmund L. http://www.nytimes.com/2008/10/24/business/economy/24panel.html.

New York Times. December 2, 2008a. "Officials warn that economy will remain weak." Grynbaum, Michael M. and David Stout. http://www.nytimes.com/2008/12/02/business/economy/02bernanke.html? pagewanted=print&_r=0.

New York Times. December 2, 2008b, p. A1. "Recession began last December, economists say." Andrews, Edmund L.

New York Times. December 16, 2008, p. D5. "A crisis of confidence for masters of the universe." Friedman, Richard A.

New York Times. January 22, 2009. Magazine, p. 9. "The age of neo-remorse." Kirn, Walter.

New York Times. February 20, 2009. "Rick Santelli: Tea PartyTime." Etheridge, Eric. https://opinionator.blogs.nytimes.com/2009/02/20/rick-santelli-tea-party-time.

New York Times. June 17, 2009. "Banks brace for fight over an agency meant to bolster consumer protection." Martin, Andrew and Louise Story.

New York Times. June 20, 2009. "Obama pushes financial regulatory over haul." Cooper, Helen. http://www.nytimes.com/2009/06/21/us/politics/21radio.html.

New York Times. July 14, 2010. "After crisis, show of power from JPMorgan." Dash, Eric. http://www.nytimes.com/2010/07/15/business/15chase.html.

New York Times. July 27, 2010. "Former regulators find a home with a powerful firm." https://dealbook.nytimes.com/2010/07/27/ex-financial-regulators-get-set-to-lobby-agencies.

New York Times. August 5, 2010. "Wall Street faces specter of lost trading units." Bowley, Graham and Rich Dash. http://www.nytimes.com/2010/08/06/business/06wall.html.

New York Times. October 23, 2010. "What happened to change we can believe in?" Rich, Frank. www.nytimes.com/2010/10/24/opinion/24rich.html.

New York Times. November 19, 2010. "Dear S. E. C., please make brokers accountable to customers." Siegel Bernard, Tara. http://www.nytimes.com/2010/11/20/your-money/20money.html.

New York Times. May 1, 2011. "Springtime for bankers." Krugman, Paul. www. nytimes. com/2011/05/02/opinion/02krugman. html.

New York Times. July 20, 2011. "Barney Frank, financial overhaul's defender in chief." Protess, Ben. https://dealbook. nytimes. com/2011/07/20/barney-frank-financial-overhauls-defender-in-chief.

New York Times. February 3, 2012. "S. E. C. is avoiding tough sanctions for large banks." Wyatt, Edward.

New York Times. February 13, 2012. "At Volcker ruledeadline, a strong pushback from Wall St." Protess, BenandPeterEavis. https://dealbook. nytimes. com/2012/02/13/at-volcker-rule-deadline-a-strong-pushback-from-wall-st.

New York Times. June 13, 2012, p. A27. "Why Berlin is balking on a bailout." Sinn, Hans-Werner.

New York Times. June 14, 2012, p. A1. "Church Battles Efforts to Ease Sex Abuse Suits." Laurie Goodstein and Erik Eckholm.

New York Times. June15, 2012. "Rajat Gupta convicted of insider trading." Lattman, Perter and Azam Ahmed. http://dealbook. nytimes. com/2012/06/15/rajat-gupta-convicted-of-insider-trading.

New York Times. December 11, 2012. "Wall Street is bracingfor the Dodd-Frank rules to kick in." Protess, Ben. https://dealbook. nytimes. com/2012/12/11/wall-street-is-bracing-for-the-dodd-frank-rules-to-kick-in.

New York Times. December 31, 2012. "Looking ahead to civil and criminal cases to come." Henning, Peter J. http://dealbook. nytimes. com/2012/12/31/looking-ahead-to-civil-and-criminal-cases-to-come.

New York Times. April 9, 2013a. "Former regulators find a home with a powerful firm." Protess, Ben and Jessica Silver-Greenberg. https://dealbook. nytimes. com/2013/04/09/for-former-regulators-a-home-on-wall-street.

New York Times. April 9, 2013b. "Not enough reform on derivatives." Editorial. www. nytimes. com/2013/04/10/opinion/not-enough-reform-on-derivatives. html.

New York Times. July 20, 2013. "Trying to pierce a Wall Street fog."

Morgenstern, Gretchen. http://www.nytimes.com/2013/07/21/business/trying-to-pierce-a-wall-street-fog.html.

New York Times. September 17, 2013. "Since Lehman's collapse, companies more forthcoming on compliance." Henning, Peter J. https://dealbook.nytimes.com/2013/09/16/since-lehmans-collapse-companies-more-forthcoming-on-compliance.

New York Times. April 17, 2014. "Your Thursday briefing." Hassan, Adeel and Victoria Shannon. https://www.nytimes.com/2014/04/17/us/your-thursday-briefing.html.

New York Times. March 20, 2015. "Despite top lawyer's fears, regulators can be held in check." Indiviglio, Daniel and Antony Currie. https://www.nytimes.com/2015/03/21/business/dealbook/despite-fears-regulators-can-be-held-in-check.html.

New York Times. October 5, 2017. "Randal Quarles confirmed as Federal Reserve Governor." Appelbaum, Binyamin. https://www.nytimes.com/2017/10/05/us/politics/randal-quarles-confirmed-as-federal-reserve-governor.html.

New Yorker. May 16, 2016, p. 38. "The financial page: Banking's new normal." Surowiecki, James.

Rolling Stone. July 9, 2009: "The great American bubble machine." Taibbi, Matt. http://www.rollingstone.com/politics/news/the-great-american-bubble-machine-20100405.

USA Today. September 19, 2008, p. 1B. "US bends the rules of free markets; nation isn't practicing what it preached to other countries." Lynch, David J.

USA Today. September 24, 2008, p. 11A. "Main Street's blindfaith; it's the public that feeds the Wall Street Beast. In fact, now is the time to end this cyclical con game." Fishman, Ted C.

USA Today. October 1, 2008, p. 1B. "Wall Street's stock has dropped in world's eyes; it has ruined its reputation, so where do we go from here?" Shell, Adam.

USA Today. February 25, 2009, p. 1A. "'We will recover'; Everyone will have to sacrifice 'worthy priorities,' Obama says." Hall, Mimi and David Jackson.

USA Today. June 11, 2009, p. 1B. "Obama plan limits bonuses, golden parachutes." Gogoi, Pallavi.

USA Today. September 15, 2009, p. 10A. "A year after Lehman's fall, financial regulation stalls."

USA Today. December 14, 2009, p. 7A. "Obama: 'Fat-cat' bankers owe help to US taxpayers." Jackson, David.

Wall Street Journal. September 19, 2008, p. A1. "Wall Street's ills seep into everyday lives." Levitz, Jennifer, Ilan Brat, and Nicholas Casey.

Wall Street Journal. September 20, 2008, p. A1. "As times turn tough, New York's wealthy economize—plastic surgeons, yacht builders brace for leaner times; saying no to caviar." Gamerman, Ellen, Cheryl Lu-Lien Tan, and Francine Schwadel.

Wall Street Journal. September 24, 2008, p. A1. "Rescue plan stirs calls for deeper regulation." Scannell, Kara, Phred Dvorak, Joann S. Lublin, and Elizabeth Williamson.

Wall Street Journal. October 10, 2008, p. A1. "As banking 'fairytale' ends, Iceland looks back to the sea." Forelle, Charles.

Wall Street Journal. October 24, 2008, p. A1. "Greenspan admit serrors to hostile panel." Scannell, Kara and Sudeep Reddy.

Wall Street Journal. February 25, 2009, p. A1. "Obama seeks to snap gloom: President says economy will emerge stronger: Push on health, energy, education." Weisman, Jonathan.

YouTube. February 19, 2009. "Rick Santelli and 'The Rant of the Year.'" https://www.youtube.com/watch?v=bEZB4taSEoA.

电话窃听

Adweek. June 20, 2011. "The devil's due: Will the guardian bringdown Rupert Murdoch?" Wolff, Michael. http://www.adweek.com/michael-wolff/devils-due-132653.

Congressional Record: Proceedings and Debates of the 106th Congress.

First Session, Volume 145, Part. 14, August 4, 1999 to August 5, 1999. Washington, United States Printing Office.

Guardian. February 3, 2007. "Memo to all editors: Do nottap this man's phone." Robinson, James. http://www. guardian. co. uk/media/2007/feb/04/press and publishing. business? INTCMP=SRCH.

Guardian. July 9, 2009. "News of the World phone hacking: Muddying the water avoids the real question." Davies, Nick. http://www. guardian. co. uk/media/2009/jul/09/phone-hacking-analysis-nick-davies.

Guardian. July 4, 2011. "Missing Molly Dowler's voicemail was hacked by News of the World." Davies, Nick and Amelia Hill. http://www. guardian. co. uk/uk/2011/jul/04/milly-dowler-voicemail-hacked-news-of-world

Guardian. July 5, 2011. "Families of 7/7 victims 'were targets of phonehacking.'" Robinson, James, Amelia Hill, Sam Jones, Nick Davies, and Dan Sabbagh. http://www. guardian. co. uk/media/2011/jul/06/families-7-7-targets-phone-hacking? INTCMP=SRCH.

Guardian. July 6, 2011. "News of the World investigator may have targeted families of dead soldiers." Robinson, James. http://www. guardian. co. uk/media/2011/jul/06/news-world-investigator-families-dead-soldiers? INTCMP=SRCH.

Guardian. July 8, 2011a. "News of the World closure: What the papers say." Greenslade, Roy. https://www. theguardian. com/media/greenslade/2011/jul/08/national-newspapers-newsoftheworld.

Guardian. July 8, 2011b. "Phone hacking and sacrilege." Lynch, Gordon. http://www. guardian. co. uk/commentisfree/belief/2011/jul/08/phone-hacking-and-sacrilege/print.

Guardian. July 9, 2011. "Last day at the News of the World: Sombre, surreal and defiant." Beaumont, Peter and Cherry Wilson. http://www. guardian. co. uk/media/2011/jul/09/last-day-news-of-the-world? INTCMP=SRCH.

Guardian. July 13, 2011. "Murdoch media dynasty descends from deal to disaster." Martinson, Jane and Patrick Wintour. http://www. guardian. co. uk/media/2011/jul/13/murdoch-media-dynasty-deal-disaster? INTCMP = SRCH.

Guardian. July 24, 2011. "Lord Justice Leveson." http://www.guardian.co.uk/media/2011/jul/24/lord-justice-leveson-mediaguardian-100-2011? INTCMP=SRCH.

Guardian. November 2, 2011. "Leveson inquiry: Yes, let's behonest, we do have two presses." Greenslade, Roy. http://www.guardian.co.uk/media/greenslade/2011/nov/28/leveson-inquiry-hughgrant? INTCMP = SRCH.

Guardian. December 15, 2011. "Milly Dowler hacking was tip of the iceberg." Sabbagh, Dan. http://www.guardian.co.uk/media/2011/dec/15/milly-dowler-hacking-news-of-the-world? INTCMP=SRCH.

Guardian. April 25, 2012. "Rupert Murdoch: I sacked Harold Evans to head off *Times* rebellion." https://www.theguardian.com/media/2012/apr/25/rupert-murdoch-harold-evans-times.

Guardian. April 26, 2012a. "Rupert Murdoch admits NoW phonehacking culture of cover-up." Sabbagh, Dan. https://www.theguardian.com/media/2012/apr/26/murdoch-admits-phone-hacking-coverup.

Guardian. April 26, 2012b. "Rupert Murdoch predicts newspapers could die out in 10 years." https://www.theguardian.com/media/2012/apr/26/rupert-murdoch-predicts-newspapers-may-die.

Guardian. June 12, 2012. "Leveson inquiry: Ed Miliband, Harriet Harman, Sir John Major Appear." Holliday, Josh and Dugald Baird. http://www.guardian.co.uk/media/2012/jun/12/leveson-inquiry-miliband-harman-major-live? INTCMP=SRCH.

Guardian. January 13, 2013. "Police officer found guilty of trying to sell information to News of the World." Laville, Sandra. http://www.guardian.co.uk/uk/2013/jan/10/police-guilty-trying-sell-information? INTCMP = SRCH.

Guardian. October 10, 2013. "Press regulation: Leveson distances himself from Royal Charter." O'Carroll, Lisa and Josh Halliday. https://www.theguardian.com/media/2013/oct/10/press-regulation-leveson-recommendations-lost.

Guardian. April 13, 2015. "Labour vows to protect media plurality and implement Leveson proposals." Jasper Jackson. https://www. theguardian. com/media/2015/apr/13/labour-media-plurality-leveson-manifesto-ed-miliband.

Guardian. April 27, 2015. "Operation Elveden: Police and CPSFace Criticism after Not Guilty Verdicts." Press Association. https://www. theguardian. com/uk-news/2015/apr/27/operation-elveden-police-cps-criticism-not-guilty-journalists.

Guardian. April 21, 2016. "John Whittingdale 'not minded' to implement Leveson in full." Martinson, Jane. https://www. theguardian. com/media/2016/apr/21/john-whittingdale-leveson-press-regulation-costs-implement.

Guardian. November 1, 2016. "Leveson: Bradley raises doubts about press-police relations inquiry." Martinson, Jane. https://www. theguardian. com/media/2016/nov/01/leveson-bradley-questions-value-of-press-police-relations-inquiry.

Guardian. December 22, 2016. "Karen Bradley appears to playdown need for new press regulation." Sparrow, Andrew.

https://www. theguardian. com/media/2016/dec/22/karen-bradley-appears-play-down-need-new-press-regulation.

Leveson Report. 2012. *An Inquiry into the Culture, Practices, and Ethics of the Press*, 4 vols. https://www. gov. uk/government/uploads/system/uploads/attachment_data/file/270939/0780_i. pdf.

Media Policy Project Blog. January 8, 2014. "It's 2014 and we're still implementing Leveson recommendations." London School of Economics. http://blogs. lse. ac. uk/mediapolicyproject/2014/01/08/its-2014-and-were-still-implementing-leveson-inquiry-recommendations.

New York Times. March 16, 1989, p. A31. "At home abroad: *News of the World*." Lewis, Anthony.

New York Times. September 5, 2010. Magazine, p. 30. "Hackattack!" Van Natta, Don, Jo Becker, and Graham Bowley.

New York Times. *July* 6, 2011. "Murdoch facing parliament's ire inhacking case." Sarah Lyall. http://www. nytimes. com/2011/07/07/world/

europe/07britain. html? pagewanted=all.

New York Times. July 21, 2011, p. A11. "In court, suggestions of hacking beyond the *News of the World*." Becker, Jo and Ravi Somaiya.

New York Times. May 1, 2012. "Panel in hacking case finds Murdoch unfit as news titan." Burns, John F. and Ravi Somaiya.

New York Times. July 24, 2014. "Ex-tabloid executive acquitted in British phone hacking case." Bennhold, Katrin and Alan Cowell. https://www. nytimes. com/2014/06/25/world/europe/rebekah-brooks-found-not-guilty-in-phone-hacking-case. html.

New York Times. November 29, 2015. "Murdoch's Britishtabloids clean up their acts." Lyall, Sarah. https://www. nytimes. com/2015/11/30/business/media/murdochs-british-tabloids-clean-up-their-acts. html.

New York Times. November 30, 2015, p. B1. "Getting the scoopon the up and up." Lyall, Sarah.

New Yorker. April 2, 2012, pp. 50 - 9. "Mail supremacy: The newspaper that rules Britain." Collins, Lauren. http://www. newyorker. com/reporting/2012/04/02/120402fa_fact_collins.

Telegraph. July 4, 2011. "Milly Dowler's phone was hacked by the 'News of the World.'" http://www. telegraph. co. uk/news/uknews/crime/8616409/Milly-Dowlers-phone-was-hacked-by-News-of-The-World. html.

Telegraph. July 7, 2011. "Phone hacking: Families of war dead 'targeted' by *News of the World*." Hughes, Mark, Duncan Gardham, John Binghman, and Andy Bloxham. http://www. telegraph. co. uk/news/uknews/phone-hacking/8621797/Phone-hacking-families-of-war-dead-targeted-by-News-of-the-World. html.

USA Today. July 8, 2011, p. 2B. "Murdoch shutters 'News of theWorld.'"

USA Today. July 20, 2011, p. 1B. "Murdoch has his 'most humbleday.'" Stauss, Gary and Traci Watson.

USA Today. July 22, 2011, p. 8A. "After decades of buccaneering, Murdoch runs up against limits."

USA Today. July 26, 2011, p. 9A. "How good could come from

Murdoch's 'low journalism'." Wickham, DeWayne.

Wall Street Journal. July 13, 2011, p. A15. "Law & order, Fleet Street." Jenkins, Jr., Holman W.

Wall Street Journal. July 14, 2011, p. A1. "News Corp. caves as support fades." Cimilluca, Dana and Alistair McDonald.

Wall Street Journal. July 20, 2011, p. A1. "Murdochs are grilled." Bryan-Low, Cassell and Paul Sonne.

Wall Street Journal. July 25, 2012, p. B1. "Hacking charges filed: Eight people, including two former top UK tabloid editors, accused of conspiring." Sonne, Paul and Jeanne Whalen.

Wall Street Journal. November 21, 2012, p. B4. "Corporate news: UK bribe probe leads to charges." Whalen, Jeanne and Paul Sonne.

Ward, Philip. March4, 2014. "The Leveson Report: Implementation." House of Commons Library. http://researchbriefings.parliament.uk/ResearchBriefing/Summary/SN06535#fullreport.

WBUR. 2014. "British phone-hacking scandal brought to a close." http://hereandnow.wbur.org/2014/06/24/phone-hacking-verdict.

#MeToo 运动

The American Conservative. April 19, 2018. "Six months in, #MeToo has become infantilizing and authoritarian." Williams, Joanna.

Atlanta Journal Constitution. March 16, 2018. "#MeToo slow incoming-and kept mostly out of view-at Georgia Capitol." Getz, J. https://politics.myajc.com/news/state-regional-govt-politics/metoo-slow-coming-and-kept-mostly-out-view-georgia-capitol/WpH2h8JbREv02Ev3JjAQaM.

Barron's. April 24, 2018. "When your team members mock #MeToo." Ragatz, Julie.

BillTrack50. February 15, 2018. "#MeToo, Time's up and the legislation behind the movement." Evelynn, Sarah.

Bloomberg Businessweek. December 20, 2017. "How to make better men: The #MeToo movement is slowly eliciting change in cultural institutions that help define masculinity." Suddath, Claire.

Breitbart News. September 19, 2018. "Haven Monahan to testify at Kavanaugh hearings." Coulter, Ann. https://www. breitbart. com/politics/2018/09/19/ann-coulter-haven-monahan-to-testify-at-kavanaugh-hearings.

Breitbart News. February 14, 2018. "Cassie Jaye on #MeToo: 'Falsely accused people are victims, too.'" Kraychick, Robert.

Challenger, Gray & Christmas. 2018. Press release: "#MeToo survey update: more than half of companies reviewed sexual harassment policies." https://www. challengergray. com/press/press-releases/metoo-survey-update-more-half-companies-reviewed-sexual-har-assment-policies.

Chicago Sun Times. March 21, 2018. "Until celebrities said 'metoo,' nobody listened to blue-collar women about assault." Altmayer, Karla.

CNBC. May 31, 2018. "In the wake of #MeToo, companies turn to private investigators to identify predators in their ranks." Picker, Leslie and Harriet Taylor. https://www. cnbc. com/2018/05/31/companies-are-turning-to-private-investigators-to-identify-har-assers. html.

CNN. September 12, 2018. "Norm Macdonald apologizes after #MeToo comments." France, Lisa Respers. https://www. cnn. com/2018/09/12/entertainment/norm-macdonald-metoo-apology/index. html.

Colorado Springs Independent. November 8, 2017a, p. 13. "Theprofoundprevalence."Simison,C. https://www. csindy. com/colora-dosprings/the-profound-prevalence-of-the-metoo-movement/Content? oid=8467727

Colorado Springs Independent. November 8, 2017b. "#WhoHasn't." Eurich, Laura. https://www. csindy. com/coloradosprings/whohasnt/Content? oid=8467730

The Cut. September 12, 2018. "Hockenberry accusers speak out after *Harper*'s publishes essay." Ryan, Lisa. https://www. thecut. com/2018/09/john-hockenberry-accusers-harpers-essay. html.

Dallas News. October 16, 2017. "#MeToo brings Dallas stories of sexual assault to social media." Jaramillo, Cassandra, Brendan Meyer, and Nancy Churnin. https://www. dallasnews. com/life/digital-life/2017/10/16/metoo-brings-dallas-stories-sexual-harassment-assault-social-media.

Digiday. February 5, 2018. "Agencies rethink their dating policies inthe

#MeToo era." Lffreing, Ilyse. https://digiday.com/marketing/agencies-rethink-dating-policies-metoo-era.

Forbes. September 17, 2018. "#MeToo after Moonves: What should companies be doing?" Levick, Richard.

Fortune. December 19, 2017. "Microsoft changes its sexual harassment policies in the wake." Morris, Chris.

Fortune. July 18, 2018. "Employers are clamping down on the office romance in the #MeToo era." Zillman, Claire.

Glennbeck.com. August 15, 2018. "#MeToo is coming after its own." https://www.glennbeck.com/glenn-beck/metoo-is-coming-after-its-own.

Guardian. December 1, 2017. "Alyssa Milano on the #MeToo movement: 'We're not going to stand for it any more.'" Sayej, Nadja. https://www.theguardian.com/culture/2017/dec/01/alyssa-milano-mee-too-sexual-harassment-abuse.

Guardian. September 18, 2018. "McDonald's workers walk out in10 US cities over 'sexual harassment epidemic.'" Anonymous. https://www.theguardian.com/business/2018/sep/18/mcdonalds-walkout-workers-protest-sexual-harassment-epidemic.'

Hannity Fox News. January 8, 2018. "Exposing Hollywood hypocrisy amid Oprah 2020 rumors." https://video.foxnews.com/v/5705538885001/?#sp=show-clips.

Hartford Courant. October 22, 2017. "#All of Us: Why #MeToo is taking off." Tolland, L. M.

Hollywood Reporter. May 3, 2018. "Roman Polanski, Bill Cosbybooted from Film Academy." Konerman, Jennifer and Gregg Kiladay. https://www.hollywoodreporter.com/news/roman-polanski-bill-cosby-booted-academy-1108390.

Huffington Post. April 7, 2011. "Sex scandals in science." Brooks, Michael. https://www.huffingtonpost.co.uk/michael-brooks/sex-scandals-of-science_b_889755.html?guccounter=1&guce_referrer_us=aHR0cHM6Ly93d3cuZ29vZ2xlLmNvbS8&guce_referrer_cs=8IXl18mKVyps WZLoiYR8FA.

Huffington Post. September 12, 2018. "Norm Macdonald thinks Me Too will lead to a celebrity 'sticking a gun in his head'." Wanshel, Elyse.

https://www. huffingtonpost. com/entry/norm-macdonald-me-too-movement_us_5b97fceee4b0511db3e6b3de.

Is It Funny or Offensive? September 10, 2018. "Bill Maher takes heat for Indian joke, dismissing Michelle Goldberb in AI Franken segment." https://isitfunnyoroffensive. com/bill-maher-takes-heat-for-indians-joke-dismissing-michelle-goldberg-in-al-franken-segment.

Jacksonville Free Press. December 7, 2017. "# Church too: Women share stories of sexual abuse involving the church." Anonymous.

KHOU 11. October 17, 2017. "Houston women join # MeToo Movement." Bludau, J. https://www. khou. com/article/news/local/houston-women-join-metoo-movement/484065817.

Los Angeles Times. October 7, 2017. "The problem of sexual harassment is much bigger than Hollywood's vile 'casting couch' culture." Los Angeles Times Editorial Board. http://www. latimes. com/opinion/editorials/la-ed-weinstein-harassment-20171007-story. html.

Los Angeles Times. October 11, 2017, p. A12. "Enabling Harvey Weinstein." Los Angeles Times Editorial Board.

Los Angeles Times. September 17, 2018. "A generation after Clarence Thomas, the Senate heads for another battle over judging allegations of sexual misconduct." Lauter, David. http://www. latimes. com/politics/la-na-pol-kavanaugh-debate-20180917-story. html.

Market Watch. July 14, 2018. "In the wake of # MeToo, more US companies reviewed their sexual harassment policies." Buchwald, E.

Market Watch. February 16, 2018. "What shareholders should know about their investments and # MeToo." Lamagna, M.

Miami Times. November 19, 2017, p. 2A. "# MeToo: A hashtag for change." Anonymous.

Monterey County Weekly. October 26, 2017. "Speaking up." Dunn, M.

NBC News. October 7, 2016. "Trump on hot mic: 'When you're a star … you can do anything' to women." Timm, Jane C. https://www. nbcnews. com/politics/2016-election/trump-hot-mic-when-you-re-star-you-can-do-n662116.

National Conference of State Legislatures. June 6, 2018. "2018 legislation on sexual harassment in the legislature." http://www. ncsl. org/research/about-state-legislatures/2018-legislative-sexual-harassment-legislation. aspx.

National Public Radio. October 3, 2018. "Poll: More believe Ford than Kavanaugh: A cultural shift from 1991." Montanaro, Domenico.

New Jersey Jewish News. October 19, 2017. "Weinstein scandal's 'Big Bang' in Orthodox community." Dreyfus, Hannah.

New York Review of Books. October 11, 2018. "Reflections on a Hashtag." Ghomeshi, Jian.

New York Review of Books. October 25, 2018, pp. 54 - 58. "Responses to 'Reflections on a Hashtag.'" O. , Joanne, et al. https://www. nybooks. com/articles/2018/10/25/responses-to-reflections-from-a-hashtag.

New York Times. April 1, 2017. "Bill O'Reilly thrives at Fox News, even as harassment settlements add up." Steel, Emily and Michael S. Schmidt. https://www. nytimes. com/by/emily-steel.

New York Times. October 5, 2017. "Harvey Weinstein paid off sexual harassment accusers for decades." Kantor, Jodi and Megan Twohey. https://www. nytimes. com/2017/10/05/us/harvey-weinstein-harassment-allegations. html.

New York Times. October 7, 2017. "The pigs of liberalism." Douthat, Ross. https://www. nytimes. com/2017/10/07/opinion/sunday/harvey-weinstein-harassment-liberals. html.

New York Times. October 10, 2017. "Gretchen Carlson: How to encourage more women to report sexual harassment." Carlson, Gretchen. https://www. nytimes. com/2017/10/10/opinion/women-reporting-sexual-harassment. html.

New York Times. October 15, 2017. "How to break a sexual harassment story." Symonds, A.

New York Times. October 17, 2017, p. A23. "The myth of the progressive prosecutor." Rice, J. D.

New York Times. October 23, 2017. "After Weinstein scandal, a plan to protect models." Friedman, V. https://www.nytimes.com/2017/10/23/fashion/sexual-harassment-law-models-new-york-state-harvey-weinstein.html.

New York Times. November 5, 2017, p. A25. "A conspiracy of inaction on sexual abuse." Leonhardt, David.

New York Times. December 14, 2017. "The politics of him too."Edsell, Thomas B. https://www.nytimes.com/2017/12/14/opinion/democratic-party-sexual-misconduct.html.

New York Times. January 9, 2018. "Catherine Deneuve and others denounce the # MeToo movement." Safronova, Valeriya. https://www.nytimes.com/2018/01/09/movies/catherine-deneuve-and-others-denounce-the-metoo-movement.html.

New York Times. March 23, 2018. "# MeToo called for an overhaul: Are workplaces really changing?" Kantor, J.

New York Times. March 24, 2018, p. A1. "# MeToo inspires, but change won't come easy." Kantor, J.

New York Times. April 4, 2018. "#MeToo has done what the law could not." MacKinnon, Catharine A. https://www.nytimes.com/2018/02/04/opinion/metoo-law-legal-system.html.

New York Times. April 16, 2018. "*New York Times* and *New Yorker* share Pulitzer for Public Service." Grynbaum, Michael M. https://www.nytimes.com/by/michael-m-grynbaum.

New York Times. June 28, 2018. "After # MeToo, the ripple effect." Bennett, Jessica.

New York Times. September 13, 2018a, p. B1. "Another executive's head rolls at besieged CBS." Koblin, John and Michael M. Brynbaum.

New York Times. September 13, 2018b, p. A1. "Revelation of Moonves's deceit was last straw for CBS board." Stewart, James.

New York Times. September 16, 2018, p. SR9. "The shame of the MeToo men." Goldberg, Michelle.

New York Times. September 18, 2018, p. B1. "Delivering a message to McDonald's." Abrams, R.

New York Times. September 19, 2018. "*New York Review of Books* editor is out amid uproar over #MeToo Essay." Buckley, Cara.

New York Times. September 23, 2018, p. SR1. "The patriarchy will always have its revenge." Weiner, Jennifer.

New York Times. September 27, 2018. "On politics with Lisa Lerer: He litigated, she persuaded." Lerer, Lisa. https://www.nytimes.com/2018/09/27/us/politics/on-politics-kavanaugh-blasey-ford-testimony.html.

New York Times. September 29, 2018. "Kavanaugh could help GOPin Senate midterms, but not in house races." Martin, Jonathan and Alexander Burns. https://www.nytimes.com/2018/09/29/us/politics/kavanaugh-republicans-midterms.html.

New York Times. September 30a, 2018, p. A23. "Court pick steals a page from Trump's playbook on white male anger." Peters, Jeremy W. and Susan Chira.

New York Times. September 30b, 2018, p. A1a. "Fight over Kavanaugh shows the power, and limits, of # MeToo." Zernike, K. and Emily Steel.

New York Times. September 30c, 2018, p. A1b. "For nominee, GOP takes a big gamble." Martin, Jonathan and Alexander Burns.

New York Times. September 30d, 2018, p. SR8. "What America owes women." Gay, Mara.

New York Times. October 23, 2018. "# MeToo brought down 201powerful men: Nearly half of their replacements are women." Carlsen, Audrey et al.

New York Times. October 24, 2018. "In 'A star is born,' equalityis deadly." Dargis, Manohla.

New York Times. October 31, 2018, p. C1. "Louis C. K. performs, and it's no secret." Deb, Sopan.

New York Times. November 7, 2018, p. A29. "'It was all fake,' Trump says in Kavanaugh ploy." Baker, Peter.

New York Times. November 9, 2018. "Facebook to stop forced arbitration cases." Wakabayashi, Daisuke and Jessica Silver-Greenberg. https://www.nytimes.com/2018/11/09/technology/facebook-arbitrationharassment. html.

New York Times. November 26, 2018. "'Kavanaugh's revenge' fell short against Democrats in the midterms." Hulse, Carl. https://www. nytimes. com/2018/11/25/us/politics/kavanaugh-midterm-elections. html.

New Yorker. October 10, 2017. "From aggressive overtures tosexual assault: Harvey Weinstein's accusers tell their stories." Farrow, R.

Newsweek. November 17, 2017. "A senior Fox News analyst thinks a man can't be alone with a woman without sexually assaulting her." Solis, Marie. https://www. newsweek. com/senior-fox-news-analyst-thinks-man-cant-be-alone-woman-without-sexually-714920.

Numéro. April 12, 2018. "'All the other designers hate me…' KarlLagerfeld gets ready to tell all." Utz, Philip. https://www. numero. com/en/fashion/interview-karl-lagerfeld-chanel-virgil-abloh-j-w-anderson-azzedine-alaia.

PEW Stateline. July 31, 2018. "#MeToo has changed our culture, now it's changing our laws." Beitsch, Rebecca. https://www. pewtrusts. org/en/research-and-analysis/blogs/stateline/2018/07/31/metoo-has-changed-our-culture-now-its-changing-our-laws.

Pillsbury Insights. October 8, 2018. "California laws change legal landscape on sexual harassment." Weber, Paula and Cara Adams. https://www. pillsburylaw. com/en/news-and-insights/california-laws-change-harassment-landscape. html.

PR News. October 23, 2017. "8 Days Later, # MeToo movement expands well beyond entertainment industry." Wood, Samantha.

Real Estate in Depth. September 2018. "The new NYS sexual harassment law requirements take effect on Oct. 9, 2018." Dolgetta, John. http://www. realestateindepth. com/legal-advocacy/the-new-nys-sexual-harassment-law-requirements-take-effect-on-oct-9.

RedState Blog. November 29, 2017. "NY Times Editorial Board moves from opinion journalism into straight-up political activism." Lee, Sarah.

RedState Blog. September 24, 2018. "Democrats have launched the era of #MeToo McCarthyism." Slager, Brad.

Santa Barbara Independent. October 26, 2017. "Schools on # MeToo track." Hamm, K.

Time. April 11, 2016. "A brief history of sexual harassment in America before Anita Hill." Cohen, Sascha. http://time.com/4286575/sexual-harassment-before-anita-hill.

Time. February 21, 2017. "Uber hires former Attorney-General Eric Holder to review sexual-harassment claims." Patnaik, Subrat.

Time. December 18, 2018. "The silence breakers." Zacharek, Stephanie, Eliana Dockterman and Haley Sweetland Edwards. http://time.com/time-person-of-the-year-2017-silence-breakers.

US Equal Employment Opportunity Commission. n. d. "Sexual harassment." https://www.eeoc.gov/laws/types/sexual_harassment.cfm.

USA Today. October 8, 2018, p. B1. "# MeToo movement may have unintended consequences." Ortiz, Jorge J. *Vanity Fair*. September 12, 2018. "Tonight show axes norm MacDonald sit-down after controversial interview." Bradley, Laura. https://www.vanityfair.com/hollywood/2018/09/norm-macdonald-metoo-louis-ck-roseanne-barr-tonight-show-canceled.

Vox. May 7, 2018. "Republican women care about sexual harassment, but their party isn't listening." North, Anna. https://www.vox.com/2018/5/7/17272336/sexual-harassment-metoo-me-too-movement-trump-republicans-roy-moore.

Washington Post. August 2, 2016. "One reporter owns the RogerAiles story: Here's why he says it's not over." Sullivan, Margaret. https://www.washingtonpost.com/lifestyle/style/one-reporter-owns-the-roger-ailes-story-heres-why-he-says-its-not-over/2016/08/02/42d49004-5832-11e6-9aee-8075993d73a2_story.html? utm_term=.b12ca5d5135d.

Washington Post. October 8, 2016. "Trump recorded having extremely lewd conversation about women in 2005." Fahrenthold, David A. https://www.washingtonpost.com/politics/trump-recorded-having-extremely-lewd-conversation-about-women-in-2005/2016/10/07/3b9ce776-8cb4-11e6-bf8a-3d26847eeed4_story.html? utm_term=.4cd88dcdae

Washington Post. October 13, 2017. "From Quentin Tarantinoto Barack

Obama, big names are speaking out against Harvey Weinstein." Butler, Bethonie. https://www. washing-tonpost. com/news/arts-and-entertainment/wp/2017/10/09/more-big-names-are-speaking-out-against-harvey-weinstein-heres-what-theyre-saying/? utm_term=. 793702a93ad3.

Washington Post. October 16, 2017. "#MeToo made the scale of sexual abuse go viral: But is it asking too much of survivors?" Ohlheiser, Abby.

Washington Post. October 19, 2017. "The woman behind 'Me Too' knew the power of the phrase when she created it - 10 years ago." Ohlheiser. Abby.

Washington Post. December 7, 2017. "Al Franken's resignation: He followed in the footsteps of Sen. Bob Packwood." Phillips, Kristine. https://www. washingtonpost. com/news/retropolis/wp/2017/11/22/before-franken-and-moore-there-was-sen-bob-packwood-a-serial-sexual-harasser-reelected-anyway/? utm_term=. d1104e57c912.

Washington Post. January 25, 2018. "The #MeToo Movement WillBe in Vain." Lenhoff, D.

Washington Post. September 26, 2018. "How #MeToo has changed the DC power structure-so far." Gerhart, Ann and Danielle Rindler. https://www. washingtonpost. com/graphics/2018/politics/how-metoo-has-changed-the-dc-power-structure/? utm_ term=. 0e9a62345879.

Washington Post. October 22, 2018. "How # MeToo really wasdifferent, according to data." Ohlheiser, Abby.

Wenzel Fenton Cabassa, P. A. January 1, 2018. "A history of sexual harassment laws in the United States." Fenton, Matthew K. https://www. wenzelfenton. com/blog/2018/01/01/history-sexual-harassment-laws-united-states.

Winston & Strawn LLP. June 14, 2018. "Legislative trends: 'Me Too' movement and sexual harassment disclosure laws." Grumet-Morris, Aviva. https://www. winston. com/en/thought-leadership/legislative-trends-me-too-movement-and-sexual-harassment-dis-closure-laws. html.

Workforce. April 3, 2018. "HR responds to the #MeToo movement." Rafter, Michelle V. https://www. workforce. com/2018/04/03/hr-responds-metoo-movement-2.

二次文献

Abbott, Andrew. 1992. "From causes to events: Notes on narrative positivism." *Sociological Methods and Research* 20(4): 428 - 55.

Adut, Ari. 2004. "Scandal as norm entrepreneurship strategy: Corruption and the French investigating magistrates." *Theory and Society* 33(5): 529 - 78.

Adut, Ari. 2005. "A theory of scandal: Victorians, homosexuality, and the fall of Oscar Wilde." *American Journal of Sociology* 111(1): 213 - 48.

Adut, Ari. 2008. *On Scandal: Moral Disturbances in Society, Politics, and Art*. New York: Cambridge University Press.

Adut, Ari. 2012. "A theory of the public sphere." *Sociological Theory* 30(4): 238 - 62.

Ailon, Galit. 2012. "The discursive management of financial risk scandals: The case of *Wall Street Journal* commentaries on LTCM and Enron." *Qualitative Sociology* 35(3): 251 - 70.

Alexander, Jeffrey C. 1981. "The mass news media in systemic, historical, and comparative perspective," pp. 17 - 52 in E. Katz and T. Szecsko, eds., *Mass Media and Social Change*. London: SAGE.

Alexander, Jeffrey C. 1982. *The Antinomies of Classical Thought: Marx and Durkheim*. Berkeley: University of California Press.

Alexander, Jeffrey C. 1988. "Culture and political crisis: Watergate and Durkheimian Sociology," pp. 187 - 224 in J. Alexander, ed., *Durkheimian Sociology: Cultural Studies*. Cambridge: Cambridge University Press.

Alexander, Jeffrey C. 2001. "The long and winding road: Civil repair of intimate injustice." *Sociological Theory* 19(3): 371 - 400.

Alexander, Jeffrey C. 2003. "On the social construction of moral universals: The 'holocaust' from war crime to trauma drama," pp. 27 - 83 in J. C. Alexander, *The Meanings of Social Life: A Cultural Sociology*. New York: Oxford University Press.

Alexander, Jeffrey C. 2006. *The Civil Sphere*. New York: Oxford

University Press.

Alexander, Jeffrey C. 2010. *The Performance of Politics: Obama's Victory and the Democratic Struggle for Power*. New York: Oxford University Press.

Alexander, Jeffrey C. 2011. *Performance and Power*. Cambridge: Polity.

Alexander, Jeffrey C. 2018. "The societalization of social problems: Church pedophilia, phone hacking, and the financial crisis."

American Sociological Review 83(6): 1049 – 78.

Alexander, Jeffrey C., Elizabeth Breese, and Maria Luengo, eds. 2016. *The Crisis of Journalism Reconsidered: Cultural Power*. New York: Cambridge University Press.

Alexander, Jeffrey C., Ron Eyerman, Bernhard Giesen, and Neil J. Smelser, eds. 2004. *Cultural Trauma and Collective Identity*. Berkeley and Los Angeles: University of California Press.

Alexander, Jeffrey C., Bernhard Giesen, and Jason L. Mast, eds. 2006. *Social Performance: Symbolic Action, Cultural Pragmatics, and Ritual*. Cambridge: Cambridge University Press.

Alexander, Jeffrey C. and Bernadette Jaworsky. 2014. *Obama Power*. Cambridge: Polity.

Alexander, Jeffrey C., Anna Lund, and Andrea Voyer, eds. 2019. *The Nordic Civil Sphere*. New York: Cambridge University Press.

Alexander, Jeffrey C., David Palmer, Sunwoong Park, and Agnes Shuk-mei Ku, eds. 2019. *The Civil Sphere in East Asia*. New York: Cambridge University Press.

Alexander, Jeffrey C., and Philip Smith. 2018. "The strong program in cultural sociology: Meaning first," pp. 13 – 22 in L. Grindstaff, J. R. Hall, and M. Lo, eds., *Routledge Handbook of Cultural Sociology*, 2nd edn. New York: Routledge.

Alexander, Jeffrey C., Trevor Stack, and Farhad Khoshrokovar, eds. 2019. *Breaching the Civil Order: Radicalism and the CivilSphere*. New York: Cambridge University Press.

Alexander, Jeffrey C. and Carlo Tognato, eds. 2018. *The CivilSphere in Latin America*. New York: Cambridge University Press.

Allen, Henry. 2007. "A journalist for whom there were not enough words." *Washington Post*, April 25. http://www.washingtonpost.com/wp-dyn/content/article/2007/04/24/AR2007042402512.html.

Aron, Raymond. 1950a. "Social structure and the ruling class: Part 1." *British Journal of Sociology* 1(1): 1-16.

Aron, Raymond. 1950b. "Social structure and the ruling class: Part 2." *British Journal of Sociology* 1(2): 126-43.

Austin, John. 1957. *How to Do Things with Words*. Cambridge, MA: Harvard University Press.

Barth, Tom. 2010. "Crisis management in the Catholic Church: Lessons for public administrators." *Public AdministrationReview* 70(5): 780-91.

Barthes, Roland. 1977. "Introduction to the structural analysis of narratives," pp. 79-124 in Roland Barthes, *Image/Music/Text*. New York: Hill and Wang.

Becker, Howard S. 1963. *Outsiders: Studies in the Sociology of Deviance*. New York: Free Press.

Beeson, Ed. 2015. "Trial ace: Keker & Van Nest's John Keker." *Law*360, August 25. https://www.law360.com/articles/694295/trial-ace-keker-van-nest-s-john-keker(available on subscription).

Bendix, Reinhard. 1962. *Max Weber: An Intellectual Portrait*.

Garden City, NY: Anchor Books.

Ben-Veniste, Richard. 2009. *The Emperor's New Clothes: Exposing the Truth from Watergate to* 9/11. New York: St. Martin's.

Berberoglu, Berch. 2011. "The global capitalist crisis: Its origins, dynamics and impact on the United States." *International Review of Modern Sociology* 37(2): 159-84.

Biernacki, Richard. 2012. *Reinventing Evidence in Social Inquiry*. New York: Palgrave Macmillan.

Blumer, Herbert. 1971. "Social problems as collective behavior."

Social Problems 18(3): 298-306.

Boltanski, Luc and Laurent Thévenot. 2006. *On Justification: Economies of Worth*, translated by Catherine Porter. Princeton, NJ: Princeton University Press.

Bourdieu, Pierre. 1993. *The Field of Cultural Production: Essays on Art and Literature*, edited and introduced by Randal Johnson. New York: Columbia University Press.

Bourdieu, Pierre. 1998. *On Television*, translated by Priscilla Parkhurst Ferguson. New York: New Press.

Bradlee, Ben. 1991. "Talking with David Frost." Channel 13. New York Public Television, September 27.

Bradlee, Ben. 1995. *A Good Life: Newspapering and Other Adventures*. New York: Simon & Schuster.

Bradlee, Ben, Jr. 2002. "Introduction," pp. ix-xiii in Investigative Staff of the *Boston Globe*, *Betrayal: The Crisis in the Catholic Church*. Boston, NJ: Little, Brown and Company.

Branch, Taylor. 1988. *Parting of the Waters: America in the King Years*, 1954 - 63. New York: Simon & Schuster.

Breese, Elizabeth. 2011. *Interpreting the News: A Cultural Sociology of Journalistic Discourses in the United States*. Unpublished PhD dissertation, Yale University.

Bruni, Frank and Elinor Burkett. 2002 [1993]. *A Gospel of Shame*. New York: Harper.

Bruyn, Severyn T. 2000. *A Civil Economy: Transforming the Market in the Twenty-First Century*. Ann Arbor: University of Michigan Press.

Calavita, K., R. Tillman, and H. N. Pontell. 1997. "The savings and loan debacle, financial crime, and the state." *Annual Review of Sociology* 23: 19 - 38.

Carroll, James. 2002. "On the crisis in Catholicism." *Daedalus* 131(3) (Special issue *On Education*): 114 - 16.

Cavender, Gray, Kishonna Gray, and Kenneth W. Miller. 2010. "Enron's perp walk: Status degradation ceremonies as narrative." *Crime, Media, Culture* 6: 251 - 66.

Chandler, Alfred D. 1977. *The Visible Hand: The Managerial Revolution in American Business*. Cambridge, MA: Harvard University Press.

Cohen, Michael. 2018. "The # MeToo movement findings from the PEORIA Project." Public Echoes of Rhetoric in America (PEORIA) Project, George Washington University. https://gspm.gwu.edu/sites/g/files/zaxdzs2286/f/downloads/2018%20 RD18%20MeToo%20Presentation.pdf.

Cohen, Stanley. 1972. *Folk Devils and Moral Panics: The Creation of the Mods and Rockers*. London: MacGibbon & Kee.

Comey, James B. 2013. "Fidelity, bravery, and integrity: The essence of the FBI." Speech at installation as director, October 23. https://www.fbi.gov/news/speeches/fidelity-bravery-and-integrity-the-essence-of-the-fbi.

Cott, Nancy F. 1987. *The Grounding of Modern Feminism*. New Haven, CT: Yale University Press.

Cottle, Simon. 2004. *The Racist Murder of Steven Lawrence: Media Performance and Public Transformation*. Westport, CT: SAGE.

Cottle, Simon. 2011. "Mediatized disasters in the global age: On the ritualization of catastrophe," pp. 259 – 83 in J. Alexander, R. N. Jacobs, and P. Smith, eds., *The Oxford Handbook of Cultural Sociology*. New York: Oxford University Press.

Darrow, Clarence. 1961. *Attorney for the Damned: Clarence Darrow in the Courtroom*. Chicago, IL: University of Chicago Press.

Dees, Morris. 2011. *A Lawyer's Journey: The Morris Dees Story*. Chicago, IL: American Bar Association.

Dickinson, Roger D. 2010. "Making up the news: Journalists, deviance, and social control in news production," pp. 223 – 33 in Stuart Allan, ed., *The Routledge Companion to News and Journalism Studies*. London: Routledge.

Dilthey, Wilhelm. 1976. *Selected Writings*, edited and introduced by H. P. Rickman. New York: Cambridge University Press.

Douglas, Mary. 1966. *Purity and Danger: An Analysis of Concepts of Pollution and Taboo*. New York: Praeger.

Doyle, Thomas P. 2006. "Clericalism: Enabler of clergy sexual abuse."

Pastoral Psychology 54(3): 189 - 213.

Durkheim, Émile. 1966 [1895]. *The Rules of Sociological Method*. New York: Free Press.

Durkheim, Émile. 1966 [1897]. *Suicide*. New York: Free Press. Durkheim, Émile. 1984 [1893]. *The Division of Labor in Society*. New York: Free Press.

Dyan, Daniel and Elihu Katz. 1992. *Media Events*. Cambridge, MA: Harvard University Press.

Edles, Laura. 1998. *Symbol and Ritual in the New Spain*. New York: Cambridge University Press.

Emmot, Bill. 2011. "Unholy trinity." *RSA Journal* 157(5547): 26 - 9. Eyerman, Ron. 2006. "Performing opposition or, how social movements move," pp. 193 - 217 in J. C. Alexander, B. Giesen, and J. L. Mast, eds., *Social Performance: Symbolic Action, Cultural Pragmatics, and Ritual*. New York: Cambridge University Press. Eyerman,

Ron, J. C. Alexander, and E. Breese, eds. 2011. *Narrating Trauma*. Boulder, CO: Paradigm Publishers.

Eyerman, Ron and Andrew Jamison. 1991. *Social Movements: A Cognitive Approach*. Cambridge: Polity.

Fenton, Natalie. 2012. "Telling tales: Press, politics, power, and the public interest." *Television and New Media* 13: 3 - 6.

Fine, Gary Alan. 1996. "Reputational entrepreneurs and the memory of incompetence: Melting supporters, partisan warriors, and images of President Harding." *American Journal of Sociology* 101(5): 1159 - 93.

Fine, Gary Alan. 1997. "Scandal, social conditions, and the creation of public attention: Fatty Arbuckle and the 'problem of Hollywood.'" *Social Problems* 44(3): 297 - 323.

Foner, Eric. 1988. *Reconstruction: America's Unfinished Revolution, 1863 - 1877*. New York: Harper Collins.

Fournier, Marcel. 2012. *Émile Durkheim: A Biography*. Cambridge: Polity.

Fraser, Nancy. 1992. "Rethinking the public sphere: A contribution to the critique of actually existing democracy," pp. 109 - 42 in C. Calhoun, ed., *Habermas and the Public Sphere*. Cambridge: MIT Press.

Frederickson, George M. 1971. *The Black Image in the White Mind: The Debate on Afro-American Character and Destiny*, 1817 - 1914. New York: Harper & Row.

Frederickson, George M. 1981. *White Supremacy: A Comparative Study in American and South African History*. New York: Oxford.

Friedland, Roger. 2009. "Institution, practice, and ontology: Toward a religious sociology," pp. 45 - 84 in R. Meyer, K. Sahlin-Andersson, M. Ventresca, and P. Walgenbach, eds., *Institutions and Ideology: Research in the Sociology of Organizations*, vol. 27. Bingley: Emerald Group Publishing.

Friedland, Roger and Robert R. Alford. 1991. "Bringing society back in: Symbols, practices, and institutional contradictions," pp. 232 - 63 in W. W. Powell and P. DiMaggio, eds., *The New Institutionalism in Organizational Analysis*. Chicago, IL: University of Chicago Press.

Friedland, Roger and A. F. Robertson, eds. 1990. *Beyond the Marketplace*. New York: Aldine de Gruyter.

Friend, Tad. 2015. "Dan and Bob." *New Yorker*. November 2. https://www.newyorker.com/magazine/2015/11/02/dan-and-bob.

Frisby, David and Derek Sayer. 1986. "The ambiguity of modernity: George Simmel and Max Weber," pp. 422 - 33 in Wolfgang Mommsen and Jurgen Osterhammel, eds., *Max Weber and His Contemporaries*. London: Unwin.

Gamson, Joshua. 2001. "Normal sins: Sex scandal narratives as institutional morality tales." *Social Problems* 48(2): 185 - 205.

Geertz, Clifford. 1973. *The Interpretation of Cultures*. New York: Basic Books.

Goldberg, Chad. 2013. "Struggle and solidarity: Civic republican elements in Boudieu's political sociology." *Theory and Society* 42(4): 369 - 94.

Gorski, Philip. 2013. "Conclusion: Bourdieusian theory and historical analysis: Maps, mechanisms, and methods," pp. 327 - 66 in P. Gorski, ed.,

Bourdieu and Historical Analysis. Durham, NC: Duke University Press.

Graham, Katherine. 1997. *Personal History*. New York: Vintage.

Gramsci, Antonio. 1971. *Selections from the* Prison Notebooks *of Antonio Gramsci*. London: Lawrence & Wishart.

Griffiths, Richard. 1991. *The Use of Abuse: The Polemics of the Dreyfus Affair and its Aftermath*. New York: Oxford University Press.

Gross, Neil. 2009. "A pragmatist theory of social mechanisms." *AmericanSociological Review* 74(3): 358 - 79.

Guthrie, Julian. 2014. "John Keker relishes the fight in the courtroom." *Chronicle*, October 13. https://www. sfgate. com/bayarea/article/John-Keker-relishes-the-fight-in-the-courtroom-3622831. php.

Hallin, Daniel C. and Paolo Mancini. 2004. *Comparing Media Systems: Three Models of Media and Politics*. New York: Cambridge University Press.

Hallock, Steven M. 2010. *Reporters Who Made History: Great American Journalists on the Issues and Crises of the Late 20th Century*. Santa Barbara, CA: ABC-Clio.

Harris, Scott R. and Joel Best. 2013. "Three questions for constructionism," pp. 285 - 94 in Joel Best and Scott R. Harris, eds., *Making Sense of Social Problems: New Images, New Issues*. Boulder, CO and London: Lynne Rienner.

Havill, Adrian. 1993. *Deep Truth: The Lives of Bob Woodward and Carl Bernstein*. New York: Birch Lane Press.

Henderson, Jennifer. 2016. "Ex-Greenberg Traurig litigator seeks redemption for sex abuse victims." January 8. https://www. law. com/americanlawyer/almID/1202746674729/ExGreenberg-Traurig-Litigator-Seeks-Redemption-for-Sex-Abuse-Victims/? slr eturn=20180221132649.

Hilgartner, Stephen and Charles L. Bosk. 1988. "The rise and fall of social problems: A public arenas model." *American Journal of Sociolo*gy 94 (1): 53 - 78.

Hirschman, Albert O. 1991. *The Rhetoric of Reaction: Perversity, Futility, Jeopardy*. Cambridge, MA: Harvard University Press.

Hofstader, Richard. 1955. *The Age of Reform: From Bryan toFDR*. New York: Knopf.

House of Commons, Culture, Media and Sport Committee. 2010. *Press Standards, Privacy, and Libel: Second Report of* 2009 - 10, vol. 2. London: Stationery Office Ltd. https://publications.parliament.uk/pa/cm200910/cmselect/cmcumeds/362/362ii.pdf.

Hunt, Scott A., Robert D. Benford, and David A. Snow. 1994. "Identity fields: Framing processes and the social construction of movement identities," pp. 185 - 208 in Enrique Larana, Hank Johnston, and Joseph Gusfield, eds., *New Social Movements*. Philadelphia, PA: Temple University Press.

Investigative Staff of the *Boston Globe*. 2002. *Betrayal: The Crisis in the Catholic Church*. Boston, NJ: Little, Brown and Company.

Isely, Paul J. 1997. "Child sexual abuse and the Catholic Church: An historical and contemporary review." *Pastoral Psychology* 45(4): 277 - 99.

Jacobs, Ronald N. 1996. "Civil society and crisis: Culture, discourse, and the Rodney King beating." *American Journal of Sociology* 101: 1238 - 72.

Jacobs, Ronald N. 2000. *Race, Media, and the Crisis of Civil Society: From Watts to Rodney King*. Cambridge: Cambridge University Press.

Jenkins, Philip. 1996. *Pedophiles and Priests: Anatomy of a Contemporary Crisis*. New York: Oxford University Press.

Kalberg, Stephen. 1985. "The role of ideal interests in Max Weber's comparative historical sociology," pp. 46 - 67 in Robert Antonio and Ronald Glassman, eds., *A Weber-Marx Dialogue*. Lawrence: University Press of Kansas.

Kane, Anne. 2019. "The civil sphere and the Irish Republican movement, 1970 - 1998," n. p., in Jeffrey C. Alexander, T. Stack, and F. Khoshrokovar, eds., *Breaching the Civil Order: Radicalism and the Civil Sphere*. New York: Cambridge University Press.

Kerber, Linda K. and Jane Sherron De Hart, eds. 1995. *Women's America: Refocusing the Past*. New York: Oxford University Press.

Keynes, John Maynard. 1964 [1936]. *The General Theory of Employment, Interest, and Money*. New York: Harcourt BraceJovanovich.

Kirkland, Rik. 2007. "Rupert Murdoch." *Foreign Policy*, 158: 24 - 26, 28, 30.

Kivisto, Peter and Giuseppe Sciortino, eds. 2015. *Solidarity, Justice, and Incorporation: Thinking through* The Civil Sphere. NewYork: Oxford University Press.

Knausgaard, Karl Ove. 2018. *The End: My Struggle, Book* 6, trans. Don Bartlett and Martin Aitken. London: Random House/Harvill Secker.

Kristeva, Julia. 1980. *Desire in Language: A Semiotic Approachto Language and Art*, edited by Leon S. Roudiez. New York: Columbia University Press.

Ku, Agnes. 1998. "Boundary politics in the public sphere: Openness, secrecy, and leak." *Sociological Theory* 16(2): 172 - 92.

Lakatos, Imre. 1970. "Falsification and the methodology of scientific research programs," pp. 91 - 196 in I. Lakatos and A. Musgrave, eds., *Criticism and the Growth of Knowledge*. Cambridge: Cambridge University Press.

Lamont, Michele. 2000. *The Dignity of Working Men*. Cambridge, MA: Harvard University Press.

Landes, Joan B. 1988. *Women and the Public Sphere in the Age of the French Revolution*. Ithaca, NY: Cornell University Press.

Lasora, Dominic L. and Jia Dai. 2007. "Newsroom's normal accident?" *Journalism Practice* 1(2): 159 - 74.

Lee, Hee-Jeong. 2018. "Boundary tension and reconstruction: Credit information crises and the civil sphere in Korea," pp. 60 - 83 in Jeffrey C. Alexander, D. Palmer, S. Park, and A. Ku, eds., *The Civil Sphere in East Asia*. New York: Cambridge University Press.

Lewis, Neil A. 2001. "Man in the news: A man made for law enforcement-Robert Swan Mueller III." *New York Times*, July 6.

Lothstein, L. M. 1993. "Can a sexually addicted priest return to ministry after treatment? Psychological issues and possible forensic solutions."

Catholic Lawyer 34(1): 89 - 113.

Luengo, Maria. 2018. "Shaping civil solidarity in Argentina: The power of the civil sphere in repairing violence against women," pp. 39 - 65 in J. C. Alexander and C. Tognato, eds., *The Civil Sphere in Latin America*. New York: Cambridge University Press.

Luhmann, Niklas. 1982. *The Differentiation of Society*. New York: Columbia University Press.

MacKenzie, Donald. 2011. "The credit crisis as a problem in the sociology of knowledge." *American Journal of Sociology* 116(6): 1778 - 9 and 1841.

MacKinnon, Catherine. 1979. *Sexual Harassment of Working Women: A Case Study of Sex Discrimination*. New Haven, CT: Yale University Press.

Mann, Michael. 1993. *The Sources of Social Power*, vol. 2: *The Rise of Classes and Nation-states*, 1760 - 1914. Cambridge: Cambridge University Press.

Mann, Michael. 2013. *The Sources of Social Power*, vol. 4: *Globalizations*, 1945 - 2011. New York: Cambridge University Press.

Marrus, Michael R. and Robert O. Paxton. 1981. *Vichy France and the Jews*. Stanford, CA: Stanford University Press.

Marshall, Thomas H. 1965. *Class, Citizenship, and Social Development*. New York: Free Press.

Marx, Karl. 1962 [1867]. *Capital*, vol. 1. Moscow: International Publishers.

Massey, Douglas S. and Nancy A. Denton. 1993. *American Apartheid: Segregation and the Making of the Underclass*. Cambridge, MA: Harvard University Press.

Mast, Jason. 2006. "The cultural pragmatics of event-ness: The Clinton/Lewinsky affair," pp. 115 - 45 in J. Alexander, B. Giesen, and J. Mast, eds., *Social Performances: Symbolic Action, Cultural Pragmatics, and Ritual*. Cambridge: Cambridge University Press.

Mast, Jason. 2012. *The Performative Presidency: Crisis and*

Resurrection during the Clinton Years. Cambridge: Cambridge University Press.

McCloud, Laura and Rachel E. Dwyer. 2011. "The fragile American: Hardship and financial troubles in the 21st century." *SociologicalQuarterly* 52(1): 13 - 35.

Meacham, Andrew. 2011. "Pulitzer-winning former St. Petersburg Times reporter Bette Orsini dies at 85." *St. Petersburg Times*, March 29. https://www. culteducation. com/group/1284-scientology/25269-pulitzer-winning-former-st-petersburg-times-reporter-bette-orsini-dies-at-85. html.

Merton, Robert K. 1968. "On the history and systematics of socio-logical theory," pp. 1 - 38 in Robert K. Merton, *Social Theory and Social Structure*. New York: Free Press.

Moosvi, Shireen. 2010. "Capitalism and crises: Toward economic change." *Social Scientist* 38(7/8): 29 - 43.

Morgenstern, Joe. 2015. "'Spotlight' review: Blazingly bright, fearlessly focused." *Wall Street Journal*, November 5. https://www. wsj. com/articles/spotlight-review-blazingly-bright-fearlessly-focused-1446750534.

Myers, John E. B. 2008. "A short history of child protection in America." *Family Law Quarterly* 42(3): 449 - 63.

National Review Board for the Protection of Children and Young People. 2004. *A Report on the Crisis in the Catholic Church in the United States*. Washington, DC: US Conference of Catholic Bishops.

Ngai, Pun and Kenneth Tsz Fung Ng. 2019. "Attempting civil repair in China: SACOM's campaigns and the challenge to digital capitalism," pp. 148 - 66 in J. C. Alexander, D. Palmer, S. Park, and A. Ku, eds., *The Civil Sphere in East Asia*. New York: Cambridge University Press.

Niebuhr, Reinhold. 1934. *Reflections on the End of an Era*. New York and London: Charles Scribner's Sons.

Norton, Matthew. 2014a. "Classification and coercion: The destruction of piracy in the English maritime system." *American Journal of Sociology* 119(6): 1573 - 5.

Norton, Matthew. 2014b. "Mechanisms and meaning structures."

Sociological Theory 32(2): 162 - 87.

O'Conaill, Sean. 1995. "Scandals in the church: Challenge and opportunity." *Studies: An Irish Quarterly Review* 84(333): 21 - 7.

Olave, Maria Angelica Thumala. 2018. "Civil indignation in Chile: Recent collusion scandals in the retail industry," pp. 66 - 91 in J. C. Alexander and C. Tognato, eds., *The Civil Sphere in Latin America*. New York: Cambridge University Press.

Ostertag, Stephen. 2019. "Anti-racism movements and the US civil sphere: The case of black lives matter," in J. C. Alexander, T. Stack, and F. Khoshrokovar, eds., *Breaching the Civil Order: Radicalism and the Civil Sphere*. New York: Cambridge University Press.

Paeth, Scott R. 2012. "The great recession: Some Niebuhrian reflections." *Soundings: An Interdisciplinary Journal* 95(4): 389 - 410.

Parsons, Talcott and Neil J. Smelser. 1956. *Economy and Society*. New York: Free Press.

Pateman, Carole. 1988. "The fraternal social contract," pp. 101 - 28 in J. Keane, ed., *Civil Society and the State: New EuropeanPerspectives*. London: Verso.

Pfohl, Stephen J. 1977. "The 'discovery' of child abuse." *Social Problems* 24(3): 310 - 23.

Polanyi, Karl. 1944. *The Great Transformation: The Political and Economic Origins of our Time*. Boston, MA: Beacon.

Reed, Isaac. 2011. *Interpretation and social knowledge: On the Use of Theory in the Human Sciences*. Chicago, IL: University of Chicago Press.

Reed, Isaac. 2013. "Charismatic performance: A study of Bacon's rebellion." *American Journal of Cultural Sociology* 1(2): 254 - 87.

Reinhart, Vincent. 2011. "A year of living dangerously: The management of the financial crisis in 2008." *Journal of EconomicPerspectives* 25(1): 71 - 90.

Revers, Matthias. 2017. *Contemporary Journalism in the US and Germany: Agents of Accountability*. New York: Palgrave Macmillan.

Roberts, Sam. 2017. "E. Clinton Bamberger, defense lawyer with a 'fire for justice,' is dead at 90." *New York Times*, February 17: B13.

Rueschemeyer, Dietrich. 1986. *Power and the Division of Labor*. Stanford, CA: Stanford University Press.

Russell, Charles Edward. 1933. *Bare Hands and Stone Walls: Some Recollections of a Sideline Reformer*. New York: Charles Scribner's Sons.

Said, Edward. 1978. *Orientalism*. New York: Random House. Samuelsohn, Darren. 2017. "Everything we know about the Mueller probe so far." *Politico*, June 6. https://www.politico.com/story/2017/06/06/mueller-russia-probe-trump-239163.

Schmidt, Volker H. 2014. *Global Modernity: A Conceptual Sketch*. New York: Palgrave.

Schudson, Michael. 1978. *Discovering the News: A Social Historyof American Newspapers*. New York: Basic Books.

Schudson, Michael. 2003. *The Sociology of the News*. New York: W. W. Norton.

Scott, A. O. 2015. "Review: In 'Spotlight': The *Boston Globe* digs up the Catholic Church's dirt." *New York Times*, November 5. https://www.nytimes.com/2015/11/06/movies/review-in-spotlight-the-boston-globe-digs-up-the-catholic-churchs-dirt.html.

Seidman, Steven. 1992. *Embattled Eros: Sexual Politics and Ethics in Contemporary America*. New York: Routledge.

Sewell, William H., Jr. 1996. "Historical events as transformations of structures: Inventing revolution at the Bastille." *Theory and Society* 25: 841 - 81.

Shils, Edward. 1975. "Center and periphery," pp. 3 - 15 in Edward

Shils, *Center and Periphery and Other Essays in Macro-Sociology*. Chicago, IL: University of Chicago Press.

Siegel, Rieva B. 2003. "A short history of sexual harassment," pp. 1 - 39 in Catherine A. MacKinnon and Rieva B. Siegel, eds.,

Directions in Sexual Harassment Law. New Haven, CT: Yale University Press.

Smelser, Neil J. 1959. *Social Change in the Industrial Revolution: An*

Application of Theory to the British Cotton Industry. Chicago, IL: University of Chicago Press.

Smelser, Neil J. 1963. *Theory of Collective Behavior*. New York: Free Press.

Smith, Philip. 1991. "Codes and conflict: Towards a theory of war as ritual." *Theory and Society* 20: 103 - 38.

Smith, Philip. 2005. *Why War? The Cultural Logic of Iraq, the Gulf War, and Suez*. Chicago, IL: University of Chicago Press.

Smith, Philip and Jeffrey C. Alexander. 2005. "Introduction: The new Durkheim," pp. 1 - 40 in J. Alexander and P. Smith, eds., *The Cambridge Companion to Durkheim*. New York: Cambridge University Press.

Smith, Philip and Nicolas Howe. 2015. *Climate Change as Social Drama: Global Warming in the Public Sphere*. New York: Cambridge University Press.

Snow, David A. and Robert D. Benford. 1988. "Ideology, frame resonance, and participant mobilization." *International Social Movements Research* 1: 197 - 217.

Somers, Margaret R. 2008. *Genealogies of Citizenship: Markets, Statelessness and the Right to Have Rights*. Cambridge: Cambridge University Press.

Sorkin, Andrew Ross. 2009. *Too Big to Fail: The Inside Story of How Wall Street and Washington Fought to Save the Financial System from Crisis-and Themselves*. New York: Viking Press.

Spector, Malcolm and John I. Kitsuse. 1977. *Constructing Social Problems*. Menlo Park, CA: Cummings.

Spencer, Herbert. 1972. *Herbert Spencer on Social Evolution: Selected Writings*, edited by J. D. Y. Peel. Chicago, IL: University of Chicago Press.

Starkman, Dean. 2011. "Confidence game: The limited vision of the news gurus." *Columbia Journalism Review*, November 8. http://www.cjr.org/essay/confidence_game.php.

Starkman, Dean. 2014. *The Watchdog that Didn't Bark: The Financial Crisis and the Disappearance of Investigative Journalism*. New York:

Columbia University Press.

Stone, I. F. 1963. "A word about myself." Website of I. F. Stone. http://ifstone.org/biography.php.

Swedberg, Richard. 2005. *Max Weber Dictionary*. Stanford, CA: Stanford University Press.

Tavory, Iddo and Ann Swidler. 2009. "Condom semiotics: Meaning and condom use in rural Malawi." *American Sociological Review* 74: 174 - 89.

Thompson, John B. 1997. "Scandal and social theory," pp. 34 - 64 in James Lull and S. Hinerman, eds., *Media Scandals: Morality and Desire in the Popular Culture Marketplace*. New York: Columbia University Press.

Thompson, Kenneth. 1998. *Moral Panics*. London: Routledge.
Timmermans, Stefan and Iddo Tavory. 2014. *Abductive Analysis: Theorizing Qualitative Research*. Chicago, IL: University of Chicago Press.

Townsley, Eleanor. 2011. "Intellectuals, media and the public sphere," pp. 284 - 317 in Jeffrey C. Alexander, Ronald N. Jacobs, and Philip Smith, eds., *The Oxford Handbook of Cultural Sociology*. New York: Oxford University Press.

Trachtenberg, Joshua. 1961. *The Devil and the Jews: The Medieval Conception of the Jew and Its Relation to Modern Anti-Semitism*. Cleveland, NY: World Jewish Publication Society.

Treas, Judith. 2010. "The great American recession: Sociological insights on blame and pain." *Sociological Perspectives* 53(1): 3 - 18.

Turner, Victor. 1982. *From Ritual to Theatre: The Human Seriousness of Play*. Baltimore, MD: PAJ Press.

Turner, Victor. 1987. *The Anthropology of Performance*. New York: PAJ Press.

Wagner-Pacifici, Robin. 1986. *The Moro Morality Play: Terrorismas Social Drama*. Chicago, IL: University of Chicago Press.

Wagner-Pacifici, Robin. 2010. "Theorizing the restlessness of events." *American Journal of Sociology* 115(5): 1351 - 86.

Wagner-Pacifici, Robin. 2017. *What Is an Event?* Chicago, IL: University of Chicago Press.

Walzer, Michael. 1984. *Spheres of Justice*. New York: Basic Books.

Weber, Max. 1927 [1904 - 5]. *The Protestant Ethic and the Spirit of Capitalism*. New York: Charles Scribner's Sons.

Weber, Max. 1978. *Economy and Society*. Berkeley: University of California Press.

Weber, Max. 1958a [1946]. "Religious rejections of the world and their directions," pp. 323 - 59 in Hans Gerth and C. Wright Mills, eds., *From Max Weber: Essays in Sociology*. New York: Oxford University Press.

Weber, Max. 1958b [1946]. "The Social Psychology of the World Religions," pp. 267 - 301 in Hans Gerth and C. Wright Mills,

eds., *From Max Weber: Essays in Sociology*. New York: Oxford University Press.

White, Michael D. and Karen J. Terry. 2008. "Child sexual abuse in the Catholic Church: Revisiting the rotten apples explanation." *Criminal Justice and Behavior* 35(5): 658 - 78.

Wilkes, Paul. 2002. "The reformer." *New Yorker*, September 2: 50 - 4, 103 - 5.

Williams, James W. 2008. "The lessons of 'Enron': Media accounts, corporate crimes, and financial markets." *TheoreticalCriminology* 12(4): 471 - 99.

Williams, Mark T. 2010. *Uncontrolled Risk*. New York: McGraw Hill.

Woodward, Carl and Bob Bernstein. 1974. *All the President's Men*. New York: Simon & Schuster.

Wright, Katie. 2014. "Childhood, public inquiries and late modernity," pp. 1 - 10 in B. West, ed., *Challenging Identities, Institutions, and Communities: Proceedings of the Australian Sociological Association*. Adelaide: University of South Australia. https://tasa.org.au/wp-content/uploads/2014/12/Wright.pdf.

Zangrando, Robert L. 1980. *The NAACP Crusades against Lynching, 1909 - 1950*. Philadelphia, PA: Temple University Press.

Zelizer, Viviana. 1985. *Pricing the Priceless Child*. New York: Basic Books.

译名对照表

Abductive Method　溯因法
adumbration　预兆
Agent of Societalization　社会化代理人
American Bankers Association　美国银行家协会
American Conservative　《美国保守派》
Annual Review of Sociology　《社会学年鉴》
Atlanta Journal Constitution　《亚特兰大宪章报》

Barron's　《巴伦周刊》
Background representation　背景表征
Backlash　反击
Bildung　教化
Bloomberg Wire Service　彭博通讯社
Boston Globe　《波士顿环球报》
Breitbart News　布赖特巴特新闻网

Canadian Press　加拿大通讯社
CBC Television　加拿大电视台
Chicago Sun Times　《芝加哥太阳时报》
civil　公民的
civil sphere　公民领域
civil repair　公民修复
coalitions of convenience　便利联盟
code of silence　封口准则
code switch　符码转向
Colorado Springs Independent　《科罗拉多州斯普林斯独立报》
commensurability　可通约性

communitas 社群
Competitive Enterprise Institute (CEI) 竞争企业协会
compliance 合规
Commodity Futures Trading Commission 美国商品期货交易委员会
conceptul presuppositions 概念性预设
conscience of society 社会良知
Congregation of Clergy 圣职部
Congregation for the Doctrine of the Faith 信理部
Consumer Financial Protection Agency 消费者金融保护局
Crimson Hexagon “深红六边形”数据分析公司
CTV National News 加拿大电台国家新闻
cultural narratives 文化叙述

Daily Telegraph 《每日电讯报》
Dallas Charter 《达拉斯宪章》
Dallas News 《达拉斯新闻报》
derivatives 衍生品
Dow Jones Institutional News 道琼斯机构新闻
Dodd-Frank 《多德-弗兰克法案》
Dodd-Frank Wall Street Reform and Consumer Protection Act 《多德-弗兰克华尔街改革和消费者保护法案》
Durkheimian tradition 涂尔干传统

East LA Women's Center 东洛杉矶妇女中心
EFE News Service, Miami 迈阿密埃菲新闻中心
eventness 事件化

FAAs 强制仲裁协议
Feminism 女性主义
Financial Times 《金融时报》
financialize 金融化
Finance Wire 金融专线
Fox News 福克斯新闻
Fortune 《财富》

Glass-Steagall 《格拉斯-斯蒂格尔法案》
Glen Beck 格伦·贝克
Guardian 《卫报》

Hannity Fox News 福克斯新闻节目《汉尼蒂》
Hartford Courant 《哈特福德新闻报》
hermeneutical method 诠释法
hermeneutical circle 诠释学循环
Hollywood Reporter 《好莱坞记者报》
Huffington Post 《赫芬顿邮报》

Independent on Sunday 《星期日独立报》
institution 机构
intersphere boundaries 领域间边界

intertextuality　互文性

Keynesianism　凯恩斯主义

liability principle　归责原则
Los Angeles Times　《洛杉矶时报》

macro-sociological model of structure and process　宏观-社会学结构和过程模型
marginalization　边缘化
Market Watch　《市场观察》
material regulation　实质性监管
materiality　实质性
metalanguage　元语言
#MeToo　#MeToo 运动
Miami Times　《迈阿密时报》
Miramax　米拉麦克斯影业公司
misogyny　厌女症
model of social drama　社会戏剧模型
modernity　现代性
moral panic model　道德恐慌模型

National Audio　国家音频
narrative analysis　叙事分析
narrative fidelity　叙述忠实性
NBC News　美国国家广播公司新闻网
NDAs (non-disclosure agreements)　保密协议
New Yorker　《纽约客》
New Deal　罗斯福新政
New Labor　新劳工政策
New York Magazine　《纽约杂志》
non-civil sphere　非公民领域
New York Times/NYT/Times　《纽约时报》
News International　新闻国际集团
News of the World　《世界新闻报》
News UK　新闻英国

Observer　《观察家报》

PDT　太平洋夏季时间
performance theory　表演理论
Pew　美国皮尤研究中心
polarization　政治分化
post-Holocaust morality　后大屠杀道德观
PR News　《公关新闻》
pragmatic speech acts　语用言语行为

Reconciliation　和解
reductionism　简化论
regulation　监管、法规
rhetoric of reaction　反动修辞

Santa Barbara Independent　《圣巴巴拉独立报》
SEIU　服务业雇员国际工会
semiotic code　符号代码
semiotic shift　符号转向
sequential model　序变模型
scandal genres　丑闻体裁
situationalism　情境主义
SNAP　神父性侵幸存者互助网

societalization　社会化
steady state　稳定状态
strain　紧张关系/压力
stress tests　压力测试
Strong Program　强范式
social differentiation　社会分化
societalization　社会化
symbolic interactionism　象征互动主义

thick description　深描
Times/Times of London　《泰晤士报》
Trafficked　《网络贩卖少女》(电影)
the New Deal　罗斯福新政
the Tea Party　茶党

USA Today　《今日美国》

Vanity Fair　《名利场》
vergesellschaftung　共同体
Volker Rule　《沃尔克规则》

Washington Post/WP　《华盛顿邮报》
＃WhoHasn't　＃谁未曾遭遇过
womanizer　玩弄女性的人
WSJ　《华尔街日报》

译后记

杰弗里·C. 亚历山大(Jeffrey C. Alexander)生于1947年,是著名社会学家,新功能主义理论的代表人物。他于1969年以优等成绩获得哈佛大学学士学位,1978年获美国加州大学伯克利分校博士学位,自2004年至今担任耶鲁大学社会学系莉莲·沙旺森·萨登教授,2008年担任耶鲁大学文化社会学中心主任。

亚历山大教授著作等身,在社会学领域有很强的国际影响力。他与中国也颇有渊源,曾于2015年任复旦大学社会科学高等研究院研究员,其新功能主义和文化社会学理论在中国被广泛接受,迄今已有多部著作被译成中文,如《社会学的理论逻辑》(*Theoretical Logic in Sociology*,1982—1983,共4卷)、《新功能主义及其后》(*Neofunctionalism and After*,1998)、《社会生活的意义:一种文化社会学的视角》(*The Meanings of Social Life: A Cultural Sociology*,2003)。亚历山大的其他代表性著作还包括《公民领域》

(*The Civil Sphere*, 2006)、《表演与权力》(*Performance and Power*, 2011)、《纪念大屠杀之争》(*Remembering the Holocaust: A Debate*, 2009)、《创伤:一种社会理论》(*Trauma: A Social Theory*, 2012)、《现代性的阴暗面》(*The Dark Side of Modernity*, 2013)、《奥巴马政权》(*Obama Power*, 2014)。

自 2006 年出版《公民领域》之后,亚历山大就开始思考如何用公民领域理论来解释当代社会危机,其最终成果就是《是什么造成了社会危机?》(*What Makes a Social Crisis?*),于 2019 年由政体出版社出版。历经 13 年的不断思考和理论完善,亚历山大在公民领域理论的基础上发展了一个新的社会化理论模型,用以解释公民领域和非公民领域之间的边界冲突及社会危机的产生。

公民领域(civil sphere)是理解本书的一个核心概念。"civil sphere"有时被译成"市民领域",其相关理论被称为"市民领域理论"。译者结合亚历山大给出的定义并参考多篇社会学的文献之后,决定将 civil sphere 译成"公民领域",突出"公"字所蕴含的"公共"和"共同体"概念。什么是公民领域?在本书中亚历山大将之定义为一种真实存在的社会力量,一个由自主而又享有共同义务、彼此独立又相互依存的个体组成的理想化团体。从文化角度来看,公民领域不仅是一种旨在维护自我管理和社会团结的话语体系,还具有很强的实质性(materiality),能界定各种话语的类别;此外,公民领域本身也运行着一套强大的监管机构。公民领域与非公民领域的界限并非泾渭分明,对于哪些领域属于公民性质、哪些又是非公民性质,不同的历史时期有着截然不同的答案,而这些答案又决定了公民领域和其他非公民领域之间的界限。

社会化(societalization)是本书另一核心概念。关于社会危机的产生,多数社会科学文献将紧张关系与稳定状态假定为反比关系。而亚历山大认为,只有当社会问题超出其本身所属的领域,并且在看似要危及整个社会时,社会问题才演变成社会危机。这种较大范围内的受威胁感及由此引发的各类反应称为"社会化"。而产生社会危机的不是紧张关系,而是社会化过程,一个由文化逻辑和媒介表征(media representation)引发的过程。也就是说,只有当公民领域话语和公民领域的实质监管开始介入并发挥作用时,"社会化"才会登场。

亚历山大将社会问题的相对的、不稳定的变换状态视为一个系统的宏观社会学过程,由此构建了一个新的宏观-社会学结构和过程模型,即社会化的理论模型。理想的社会化模型经历这样一个时间序变过程:稳定状态(steady state)下机构内部的紧张关系(strain)——符码转向(semiotic code)——实质性监管(material regulation)——反击(backlash)——回归稳定状态(return to steady state)。依据该模型,在T1时间点,公民领域和非公民领域之间处于一种假设的"稳定状态",但在稳定的背后各领域内部却涌动着持续的、甚至是严峻的紧张关系;社会化进程始于T2时间点,这时引发一套符号代码,这一代码将公众注意力从机构局部领域转移到了整个公民领域;在T3时间点,实质性监管干预会紧随其后;在T4时间点,针对新兴的文化评判和监管干预,反击也会接踵而至;在T5时间点,经历领域间的对峙之后,回归稳定状态。

第一章介绍社会化是什么及社会化如何产生;第二章讨论社会化如何形成;第三章探讨社会化为什么会或者不会发生;而第四

至第七章则分别以教会恋童癖危机、金融危机、电话窃听危机和＃MeToo 运动作为实证案例来阐述社会化的发展序变模型。为此，亚历山大运用了诠释法和溯因法来重建实证案例中反复出现的时间序列，将潜在的、含蓄的、碎片化的事件和言语行为拼合起来，形成更宏大、更富含意义的文本模式。

在本书的翻译过程中，译者遇到的最大的困难是社会化理论构建中相关术语的翻译，如上文中提及的 civil sphere 的处理。有些译名遵循了被大家广为接受的已有译法，如译者参考了社会学中 performance theory（表演理论）的中文表述，将 performance 译为“表演”；而另一些关键性术语，没有现成译法，译者则依据语境并参考相关社会学文献作了创新处理，如：strain 表达了机构内部或暗流涌动或剑拔弩张的各种可能引发危机的关系，译者将之译为“紧张关系”；code switch 中的 code 有编码、准则、代码、道德等多种意思，译者依据文中的语境 semiotic code（符号代码）及亚历山大的相关符号理论研究，最终将 code switch 译成符码转向。译名的统一对学术研究至关重要，为帮助读者更好地区分概念，译者制作了“译名对照表”附在文末，以飨读者。

由于水平有限，译文肯定存在不足之处，敬请读者批评指正！